てきとう

はーい鳥さんです〜。気がつけば声優デビューして20年が経ち、

気がつけばこのような本を出すことができました。

ホンワカしたり、クスッとしたり、感動したり(笑)。

楽しんでいただければと思います。

ではでは〜、いつも応援して下さる皆さんに愛と感謝を込めて……

鳥海浩輔

LOVE

鳥さんぽ

ENOSHIMA

7時30分
まで営業いたします。

フットサルコート
鎌倉

江ノ電鎌倉高
江ノ電
ENODEN
551
乗務員室

P
入口

it's
real

CONTENTS

※なお、掲載している写真は体型に関する
画像修正を行っておりません。

鳥さん、
痩せました？

2016.01　　2014.01

58 kg　　74 kg

PART 1

鍋 編

「あごだしとの出会い」

僕を知る人は皆さん気づいていると思うんですが、この2年くらいで僕、痩せたんです。鍋と野菜にハマってそればっかり食べていた結果、16キロくらい減って。その間、意識して何かを節制したり、運動をしたりということは一切していなかったんですが、2014年の終わり頃からいろんな人に「痩せましたね」って言われるようになったんです。

まず、僕の体型の変遷について振り返ると、実を言うとデビュー当時の20代前半は170センチで53キロとかなり細身な方でした。小～中学校と野球とバレーボールをやっていたし、20歳くらいのときは中学時代の友達と夜中に集まってジョギングで10キロ走ったり、公園で何故か猛ダッシュ&筋トレ&スパーリングをするなど、謎のスポ根ブームがあったので、自然と引き締まった体型――いわゆる〝細マッチョ〟を維持できていました。ところが30歳くらいになると若い頃の筋肉の貯金がなくなって60キロ台に突入……。食べる量はそんなでもなかったんですが、ビールが大好きで(笑)、朝まで飲むような毎日を続けていたら当然身体にも酒太りの症状が出てくるわけです。そこでマズいと思ってビールは一杯だけにして、あとは焼酎なんかに切り替えてみて……それで一時的には痩せるんですが、やっぱり加齢とともにドンドン体重が落ちなくなっていくんですよね。体重のピークに達したのは、2013～2014年ぐらいで、最終的に74キロくらいあったと思います。

そして、現在は58キロ。ピークから15～16キロの減量に成功したわけなんですが、短期間で急激に痩せたわけではなく、ちょっとずつ、ちょっとずつ、ムリなく痩せていきました。運動をして部分的に絞っていったわけではないので手とかにも変化は出ていて、指輪のサイズも18号から、11号がゆるくなるくらい変わりました。

年齢的にもこれだけ痩せると最初は病気じゃないの？と疑われるわけですが、器が小さくなってそれまでより酒に弱くなったり、脂肪が無くなった分、冬が寒い……ということを除けば、マイナスの変化はぜんぜん無くて。健康診断で計測したら、「体内年齢26歳」という結果が出るくらい、あくまで健康的に痩せているのが僕のケースなんです。

あごだしとの出会い

さて、肝心のダイエットの内容についてですが、とくに運動をしたわけではありません。というか、例の真夜中のスポ根ブームを最後に、ほとんど運動をしていません。たしかに痩せる前に「時間があるときは走ろう！」と考えたことはありましたが、次第に「今日は時間があるけどかったるいからやめよう」という感じで長続きしませんでした（笑）。やっぱりやるからには習慣まで持っていかないとダメなんですよね。

では、痩せたきっかけは何かというと、それはズバリ〝あごだしとの出会い〟でした。別にダイエットしようと思ったわけではなく、冬のある日「今日は寒いから鍋にしよう」と思ってスーパーに行ったわけです。その頃、ちょうど仕事で九州に行ったときに※あごだし（次ページ参照）にハマったんですが、なんと東京でもあごだしが売っているじゃないですか。それで、試しに買ってみたらこれがおいしい！　僕は飽きずに同じものを食べ続けられるタイプの人間なので、毎日のようにあごだしのお鍋を食べ続けていたら、少しずつ身体に変化が出てきて。お鍋って温かいので胃が満足するのが早いし、お酒を飲みながらでも腹八分目で済ませられるようになってきて、そうこうしているうちに少し痩せたんです。また、鍋をつつくんじゃなく、食べる分だけ器に取り分けるようにしていたので、余計満足感を得られるのが早かったというのもあるのかもしれません。鍋以外にご飯もしっかり食べているんですが、それでも翌朝にしっかりお腹が空いて身体の調子もいいし、ダイエット食品にありがちな〝満腹感〟を無理に感じて誤魔化すようなこともありません。そのうちに、気が付くと1キロ、2キロと体重が落ちてきて、おいしいし丁度いいからと続けていたら今に至る。つまり〝鍋ダイエット〟――これが僕のダイエットのシンプルな正体です。

※天日や機械で乾燥させたトビウオを使っただし

鳥海流・鍋のすゝめ

鍋にはいろんなメリットがあるんです。まず下ごしらえが楽なこと。包丁をほとんど使わずに調理できるし、煮込んでいる間に片付けもできるから効率的！　外食をしなくても家で簡単に作れるから一人で毎日続けられるし、料理が苦手だったり、ズボラな人にもストレスなくできるところがポイントです。ダイエットという面でも、煮込む間に余分な脂が落ちる、そして満腹感が得やすいというメリットがあったり。

最近にスーパーでもあごだしスープが売られていますが、中でもオススメなのは久原醤油さんの『作石衛門』シリーズ。醤油鍋、辛鍋、水炊き、もつ鍋の味噌や醤油、雑穀鍋、胡麻味噌鍋……と、種類はいろいろあるんですが、基本的にどれもおいしいです。ほかにもいろいろなメーカーが生姜鍋や白菜鍋、鴨鍋など、バリエーション豊かなスープの素を出しているので、自分好みの鍋を探求してみるのも面白いかもしれません。スープの素を使わずにだしから自分でとりたい場合は、ティーバッグ式のものがあるのでオススメです。

春先になるとどうしても鍋の素自体が品薄になってしまうので、僕もこういったティーバッグ式のものを使って鍋を作っています。無添加の鶏ガラだしを加えて、そこに醤油を数滴垂らせばそれだけで非常においしくなりますよ！　最近はあごだしブームなので、いずれもスーパーや百貨店を回ればまず手に入らないことはないと思います。

もちろん、「自分はつけだれ派です！」という人もいるでしょう。でも僕は「鍋はスープが命！」という理論を推したい!!　ポン酢やごまだれは基本的に味が濃いので、毎日食べるなら汁そのものを味わう食べ方のほうが飽きずに続けられるのでオススメなんです。イメージ的には〝食べるスープ〟という感じですね。もちろん、メリハリとしてたまにつけだれの鍋を試してみるのもアリだと思います。僕もたまにレタスと豚肉と薄く切った長ネギをあたたかいそばつゆで食べたり。これはお店の方に教えてもらったんですが、かなり〝目から鱗〟の取り合わせ。本当においしいので、だし汁鍋の合間に取り入れてみてください。

ちなみに、鳥海流の鍋は醤油味が基本。具材のレギュラーメンバーとして挙がるのは、まずは結びしらたき。普通のしらたきに比べて味が絡むし、汁も吸うし、腹持ちがいい！　また、汁を吸うといえば油揚げもいいですね。鍋の締めに汁を吸った油揚げを持ってくると、肉が無くても満足できちゃうんですよ。僕は好きなものは最後にとっておくタイプなので、油揚げはだいたいラストです。あとは豆腐に白菜、醤油味だと鶏肉を入れます。これが基本的な鍋のパターンで、そこにご飯一膳と何か料理を一品。シラスのような小皿料理を添えるときもあれば、焼き魚や肉料理のときもあります。他にも鍋のアレンジパターンで、味噌味のときは鶏を豚肉にしたり色々試しています。先日も、たまたま家にあったチクワを入れたらこれも意外と美味しかった！　まぁ、おでんに入っている具材が鍋に合わないという道理はありませんからね。生姜鍋と大根の取り合わせも絶品だったのでオススメです。

つまり、鍋は宇宙なんです。

責任を持って最後まで食べられるならば何を入れてもいいですし、基本的にはどんなものでもおいしくなります。闇鍋なんてものもありますが、鍋はよっぽどのことをしない限りはまずくすることの方が難しいでしょう。ちなみに若い頃、みんなで「闇カレーをやろう！」という流れでカレーにグミや梅干を入れたことがありますが、特にミルクティーまんを入れたときはとんでもないことになりました。これは余談ですが(笑)。

決まったルールがなくて、無限の可能性を秘めている……言うなれば〝鍋は宇宙〟です。

LOST YOUR WEIGHT?

NABE RECIPE

鍋レシピ

NABE

01

あごだし醤油鍋

あごだしの味をストレートに味わえる一品。
まずは目を閉じてスープを飲んでみてください。
あごだしの味わいが口の中でひろがります。
ボリュームたっぷりなのにローカロリー！

for 2 people

Ingredients

- □ 作右衛門 醤油鍋スープ 400g
- □ 結びしらたき 6コ
- □ 白菜 4枚
- □ 鶏もも肉（唐揚げ用）200g
- □ しめじ 1パック
- □ にんじん 5cm
- □ 豆腐 200g
- □ 油揚げ 1～2枚

How to Cook

(1) しらたきはさっと水洗いして、熱湯で2分ほどゆでてザルにあげ、余分な水けを切る。しめじは石づきを取りのぞいて小房に分ける。白菜は軸と葉に切り分け、軸は細切り、葉は手で食べやすい大きさにちぎる。にんじんは皮をむき短冊切りに、豆腐は3～4cm角に、油揚げは2cm幅に切る。鶏もも肉を3cm角程度の一口大に切って使用してもOK。

(2) 鍋に醤油鍋スープを入れて火にかける。煮立ったら鶏肉を加え、鶏肉に火が通ったらほかの材料も加えて、好みの加減に煮る。

POINT 鶏肉は、しらたきの近くに入れるとかたくなってしまうので、離して入れるのがポイント。鶏肉は、唐揚げ用を使うと切る手間がなくラクチン。

NABE

02

胡麻味噌鍋

味噌味がほっとする鍋です。
豚肉と味噌に合わせた青じそがやみつきになります。
意外だけれど、一度試してほしい組み合わせ。
豆苗を入れることで彩りもよいし、シャキシャキ感が出ます。

for 2 people

Ingredients

- □ 作右衛門 胡麻味噌鍋スープ 400g
- □ キャベツ 1／6コ
- □ 豆苗 1パック
- □ 赤ピーマン 1／2コ
- □ 青じそ 20枚
- □ 豚肉（もも薄切り）200g
- □ ちくわ 1～2本

How to Cook

(1) キャベツはしんを切り落とし、三等分のくし形に切る。豆苗は根元を切り落とす。赤ピーマンは縦に細く切る。青じそは縦四等分に切る。ちくわは幅1cmの斜め切りにする。

(2) 鍋に胡麻味噌鍋スープを入れて火にかける。煮立ったら、豚肉、キャベツ、ちくわを加える。豚肉の色が変わったら、豆苗、赤ピーマン、青じそも加えて、好みの加減まで煮る。

POINT 香りのいい青じそは、味噌と相性バツグン。女性におすすめ！

NABE

03

しょうがと鶏の水炊き

秋冬に食べたいぽかぽか鍋。
白濁の深みのある鶏のスープと爽やかなしょうがの風味が好対照です。
手羽からもだしが出るので、どんどん鍋が成長していく。
スープがよくしみた大根はこれまた絶品！
ラー油やパクチーなどを入れても OK です。

for 2 people

Ingredients

- 作右衛門 博多水炊きスープ 400g
- 鶏手羽元 6本
- 大根 6cm
- しいたけ 4枚
- チンゲン菜 1株
- しょうが 30g

How to Cook

(1) しょうがは千切りにし、飾り用を一部取り分ける。大根は皮をむいて厚さ2cmのいちょう切りに、しいたけは軸を切り落として半分に切る。チンゲン菜は茎と葉に切り分け、茎はさらに縦四等分に切る。

(2) 鍋に、博多水炊きスープ、大根、鶏手羽元を入れて火にかけ、煮立ったら弱火にしてアクを取り、大根がやわらかくなるまで煮込む。

(3) しょうが、しいたけ、チンゲン菜を加え、好みの加減まで煮る。最後に飾り用に取り分けたしょうがをのせる。

POINT しょうが鍋と大根の取り合わせが絶品です。青みにくせがないチンゲン菜が、水炊きの名脇役に。

NABE

04

豚ねぎしゃぶしゃぶ

知ってました？ 豚しゃぶってめんつゆで食べると美味しいんです。
レタスやパプリカ、セロリなど洋風の野菜を
まとめあげてしまうめんつゆってスゴイなぁ！
長ねぎと豚肉を一緒に食べると旨い。
人参はピーラーを使ってスライス。男の料理です。

for 2 people

Ingredients

- □ だしパック（クイーンズ伊勢丹のだしのこころを使用）１パック
- □ 水　適量
- □ 豚肉（しゃぶしゃぶ用）300g
- □ レタス　１／４コ
- □ 長ねぎ　１本
- □ パプリカ（黄）１／３コ
- □ にんじん　10cm
- □ セロリ　10cm
- □ めんつゆのもと（濃縮タイプ）適量

How to Cook

(１)　レタス、パプリカは細切りに、長ねぎは斜め薄切りにする。にんじん、セロリはピーラーでリボン状にそぐ。

(２)　鍋の半分の高さまで水を入れて、だしパックを加えて火にかける。袋の表示時間通りに煮出したら、だしパックを取り出す。

(３)　取り分け用の器にめんつゆのもとを入れ、２のだしを熱いまま加えて、つゆの表示通りに希釈する。

(４)　火にかけた２が煮立ったら、各自で豚肉と１の野菜を入れてさっと火を通し、３に浸していただく。

POINT　薄く切った野菜を温かいそばつゆでたっぷり食べられる、ヘルシー鍋。

2016.01

2014.01

PART 2

サラダ編

「そこに野菜があるから」

冬は終わり、春が過ぎ、そしてやってくるのが、夏です。

鍋ダイエットにハマった年は、一年中ひたすら鍋を食べ続けていたんですが、夏場は食べ物の傷みが早いこともあって、2015年からは夏の主食をサラダに切り替えました。そう、このダイエットのもう一つの主役が〝サラダ〟なんです。

もともと野菜が特別好きというわけではなかったんですが、最近は市販の野菜そのものがおいしくなっていて、食べてみたら「なんだ、野菜…うまいな……」って(笑)。飲み屋で注文して出てくる3人前くらいの量を一人で軽く食べちゃうんですが、サラダを鍋食に取り入れてから、さらに体重の減少に拍車がかかった気がします。

サラダの魅力に気づいたのは、外で飯を食べているときでした。そのお店で出されたクレソンとマッシュルームのサラダが、塩とオリーブオイルと酢に柑橘系の汁というギリギリの薄味だったんですが、これがまた新鮮で！　生で食べるマッシュルームがあんなにおいしいなんて、はじめて知りました。それがすっかり気に入ってしまって、「これは自分でも作ってみよう！」となったのがはじまりです(笑)。

鳥海流・サラダのすゝめ

僕がサラダを作るときは、基本的にレタスのような葉物を中心に置くようにしています。そこにマッシュルームやクレソン、トマト、キュウリ、そして大好きなブラックオリーブをごっそりと買ってきてちょっとずつ散らしてみたりもします。肉類が食べたいときはサラダチキンのような形にしてもいいでしょうし、サラダチキンの代わりにゆでたタコを入れてみるとシーフードサラダに早変わり。魚介類は魚介類同士ということで、アンチョビ系のドレッシングとのマッチングもバッチリです。タコは歯ごたえもありますし、同じくボリューミーなブロッコリーを入れればもはや立派な主食。それを食べ終わってから、ご飯一膳とちょっとした料理を一品つまめば、それがもう一食分という感じですね。ブロッコリーも湯がいてマヨネーズで食べる人が多い印象ですが、そこに柑橘系のドレッシングと白胡椒をサッと振るだけでも油のしつこさが中和されたり……少し工夫してカスタマイズするだけで野菜ってすごくおいしくなるんですよ。

それから、梅肉がサラダとマッチするので、大根と合わせるとすごくおいしいんです。ほかにもアボカドをそのままわさび醤油で食べるのも大好きです。苦手な人も多いみたいですが、パクチーを使ったヤムウンセン（タイの春雨サラダ）も手軽に作れますし、こちらはひき肉を炒めずに湯がいて脂分を落とすとヘルシーになるのでオススメ。昨今では〝時短料理〟なんてものも流行っていますが、湯がく手間ぐらいは大目に見てもいいかなって。絶対にその方がおいしくなると思うんです。

ヤムウンセンのドレッシングはナンプラーを使って自作することもできますが、基本的にどのドレッシングも家庭でおいしく作るのは難易度が高いと思うので、自信がない人は市販品に頼ってもいいでしょう！僕のお気に入りは、オクトパスドレッシングの「ネギドレッシング」と「アンチョビドレッシング」の2種類。開封する前から冷蔵で保存しないといけないというのもビックリしましたが、とてもおいしいので冷蔵庫に2本以上常備しています。最近は、気になる食材やドレッシングを見つけたらフラッと買ってみたり……お買い物がいろいろな意味で楽しくなりました。最初から最後まで自作したいという方は、料理研究家の平野レミさんのレシピである「レミジャン」が万能な上に作り置きが可能なので、ぜひ一度試してみてください。冷ややっこの上に軽くチューブでもいいので生姜を乗せて、そこにレミジャンをかけたらそれだけでバカみたいに食べられます！　フライパン一枚で、ゴマ油と細かく裂いた貝柱、サイコロ状に切ったシイタケを炒めて豆板醤を加えれば、それだけでもほどよいおかずになりますし。鍋もそうですが、自分の好みやそのときの気分でカスタマイズできるのもサラダの大きな魅力だと思います。

もし「なぜ野菜を食べるのか」と聞かれたら、それはもう「そこに野菜があるから」という答えに尽きます。登山家たちがヒマラヤ山脈に登るみたいなものなんです。外食でストレス解消という発想にもなりませんし、むしろ外に行っても身体がサラダを欲してしまう（笑）。

僕の場合は、朝は温かいものをしっかり食べて、昼は職業柄どうしてもそうなってしまうので、気にせず外食。夜はサラダをガッツリ食べてご飯一膳＋料理を一品。そして、朝になると自然とお腹が減るので気持ちよく朝食を食べるというサイクルが基本です。夜に関してはサラダだけで腹七分目まで満たしてしまってもいいくらい。帰りが遅くなったときは、サラダだけ食べて、その代わりに翌朝しっかり朝食を食べて帳尻を合わせることもあります。食べる時間はそこまで気にしていないので、そのへんはフレキシブルに考えればいいと思います。

野菜の品質などに特にこだわりがあるわけではないんですが、ドイツのサッカークラブ・ドルトムントの選手たちがBIO食品を日々の食事に取り入れているというのをたまたま雑誌で読んで、そういう〝こだわりの野菜〟が日本でも手に入るんだっていうことに気づいて以来、ちょっとBIO食品に凝ったりもしていますね。実際にそれが普通の野菜より健康によいのかどうかはよくわかっていないんですが、思い込みというか、プラシーボ効果的なものはうまく出ているんじゃないかなと思います（笑）。

LOST YOUR WEIGHT?

SALAD RECIPE

サラダレシピ

SALAD

01

レギュラーサラダ

いつも僕が食べている基本の野菜を使ったサラダ。コンビニで手に入るサラダチキンも合わせました。
ダイエット中でもタンパク質は大切。仕上げはお気に入りのオクトパスのドレッシングで。

for 2 people

Ingredients

- □ オクトパス ドレッシング・葱　適量
- □ グリーンリーフレタスなどのレタス類　5～6枚
- □ ミニトマト（好みの色のもの）5コ
- □ サラダチキン　1／2枚
- □ スナップえんどう　4コ
- □ ブラックオリーブ　6粒

How to Cook

(1) レタス類は手で食べやすい大きさにちぎる。ミニトマトは2等分に切る。
サラダチキンはそぎ切りにする。

(2) 小鍋に湯を沸かし、筋を取り除いたスナップえんどうを入れて、
やわらかくなるまで2分ほどゆでる。

(3) 1と2、ブラックオリーブを器に盛り、ドレッシングをかける。

POINT 甘みのあるスナップえんどう、酸味のトマト、渋味のブラックオリーブのバランスがベスト。
大ぶりのチキンを加えて食べごたえのあるサラダに。

SALAD

02

タコのマリネサラダ

プリプリのタコを主役にしたシーフードサラダ。タコの赤、パプリカの黄色、水菜のグリーンが食欲をそそる。濃厚なオクトパスのアンチョビドレッシングであえてできあがり。

for 2 people

Ingredients

- オクトパス ドレッシング・アンチョビ 適量
- ゆでダコ 100g
- 水菜 1／3わ
- レッドオニオン 1／8コ
- パプリカ（黄）1／4コ
- イタリアンパセリ 8枚
- A
  - オリーブオイル 小さじ1
  - レモン果汁 小さじ1
  - おろしにんにく 少量

How to Cook

(1) 水菜は5cm長さに切る。レッドオニオンは薄切りにする。パプリカは細切りにする。

(2) イタリアンパセリの軸をみじん切りにして(A)と混ぜ合わせ、ぶつ切りにしたタコをあえる。

(3) 器に1を盛り、2をのせる。イタリアンパセリの葉を飾り、ドレッシングをかける。

POINT 存在感のあるタコをおつまみに仕上げたマリネ。お酒にもマッチするサラダ。

ヤムウンセン

大好きなパクチーが決め手のヤムウンセン。なるべくヘルシーにしたいので豚ひき肉は一度湯通ししてから使用。食欲のないときもツルっといけちゃう、夏にぴったりな一品です。

Ingredients

for 2 people

- □ 春雨 50g
- □ きくらげ（生） 40g
- □ ひき肉 100g
- □ にんじん 5cm
- □ パクチー 2株
- □ レタス（飾り用） 少量

A
- □ レモン果汁 大さじ1と1／2
- □ おろしにんにく 大さじ1／2
- □ ナンプラー 小さじ4
- □ 砂糖 大さじ1弱（8g）
- □ 赤唐辛子（輪切り） 1／2本分

How to Cook

(1) 鍋に湯を沸かし、春雨をゆで、続いてきくらげをゆでる。同じ湯で、ひき肉を湯通しする。それぞれザルにあげて、余分な水けを切る。

(2) 1のきくらげは細切り、にんじんは千切り、パクチーは根元を切り落としてザクザクと刻む。

(3) 切り落としたパクチーの根元の部分をまな板にのせ、包丁の腹や麺棒でたたいて潰し、香りが出たらみじん切りにして（A）とよく混ぜ合わせる。

(4) ボウルに1、2、3を入れてよく混ぜ、レタスと一緒に盛りつけて完成。

POINT 本場タイと同じようにパクチーの根をたたいてドレッシングをつくった、男気あふれるドレッシングがポイント。

SALAD

04

クレソンとマッシュルームのサラダ

いい香りのクレソンは、ほかの香り野菜も引き立ててくれる魔法の素材。ルッコラともケンカせず食べると、口の中に香草のいい香りが広がります。マッシュルームの不思議な食感もおもしろい。

for 2 people

Ingredients

- クレソン　2束
- ルッコラ　1パック
- マッシュルーム　3コ
- ラディッシュ　2コ
- ベビーリーフ　適量

A
- オリーブオイル　大さじ2
- 白ワインビネガー　大さじ1／2
- レモン果汁　大さじ1／2
- 塩　小さじ1／2

How to Cook

(1) クレソンとルッコラは4〜5cmの長さに切る。
マッシュルームとラディッシュは4等分のくし形に切る。

(2) (A) を混ぜ合わせる。

(3) 1とベビーリーフを器に盛り、2をかける。

POINT さまざまな味や香りが楽しめるサラダです。大きめに切ったマッシュルームとラディッシュは噛みごたえがあるので、食べすぎ防止にも一役。

SALAD

05

大根の梅肉和え

疲れた体を癒やすクエン酸たっぷりの梅肉を使ったサラダ。小鉢やお酒のおつまみとしても GOOD。
シンプルな素材をまぜるだけの簡単レシピ。隠し味をいれることで技ありレシピに。

for 2 people

Ingredients

- 大根 4cm
- 梅干し 2コ
- 白味噌 小さじ 1 ／ 5
- スプラウト（飾り用） 少量

How to Cook

(1) 大根は皮をむいて 4cm の短冊に切る。

(2) 梅干しは種を取り除いて軽くつぶして、白味噌と混ぜ合わせる。

(3) 1 と 2 を混ぜ合わせて器に盛り、スプラウトを飾る。

POINT 隠し味に白味噌を入れると、梅の酸味に白味噌が持つ自然な甘みやコクが加わって、味に深みが出ます。スプラウトは、栄養面での効果が期待できるブロッコリースプラウトや、ピリッと刺激的なマスタードスプラウトがおすすめ。

SALAD

06

豆腐の中華風サラダ

和の豆腐が装いを替えて中華風に！ 香りと味わいがたっぷりの“食べるドレッシング”をマスターすればほかのサラダにもアレンジ可能。豆腐と貝柱でヘルシーにたんぱく質も摂れます。

for 2 people

Ingredients

- 豆腐　200g
- きゅうり　1本
- 紫キャベツ　2枚
- 青じそ　10枚
- 貝柱（缶詰）　1缶

A

- ザーサイ（刻んだもの）　大さじ3
- おろしにんじん　大さじ3
- おろししょうが　大さじ1と1／2
- 醤油　大さじ1／2
- ごま油　大さじ1／2
- 酢　小さじ3／4

How to Cook

(1) 豆腐は1.5cm程度の厚さに切る。きゅうり、紫キャベツ、青じそは千切りにする。(A)をよく混ぜ合わせる。

(2) 器に野菜、豆腐の順にのせ、2をかける。

(3) 貝柱を手でくずしながらのせて、仕上げに少量のごま油（分量外）をかける。

POINT ドレッシングは、にんじんのすりおろしを加えて「食べるドレッシング」に。

鳥さんの「いいものセレクション」

- for NABE -

作右衛門の
鍋スープ

鍋ダイエットはここから始まったと言っても過言ではありません。まず出会ったのは「あごだし醤油」。さすが創業123年を誇る醤油蔵が作っただけあります。染み渡るようなその美味しさに衝撃を受けて、このシリーズにハマったんですね。どのスープも深みがあり、素材の味が生きている！ 化学調味料や保存料を一切使わないポリシーも信頼できる。鍋の季節が待ち遠しいですね。

［左から］博多水炊きスープ、胡麻味噌鍋スープ、醤油鍋スープ／久原醤油　☎0120-527-217

– for SALAD –

あさくら農園の オクトパス・ドレッシング

葱のドレッシングと聞いてどんな味を想像しますか？ これはもう、ドレッシングの領域を超えています。もはやソースと呼んでもいいくらいです。サラダがメインのダイエットと聞くと物足りない気もしますが、この濃厚なドレッシングがあれば、満足感はしっかり。鶏の胸肉や貝柱などプレーンな素材の味付けとしても使えて、冷蔵庫のレギュラーメンバーになりました。

［左］オクトパス・ドレッシング葱、［右］アンチョビ／あさくら農園　☎0946-52-3335

楽しんで続けられることが大事

僕は、「食事は楽しむもの」というポリシーのもと生きているので、特定のものや量を制限するようなやりかたではこんなに自然に続けられなかったと思うんです。鍋もサラダを食べたいから食べただけ。本当に偶然に近い出会いでしたし、自然と食生活がそうなっていったので、続けているという感覚自体ももはやありません。肉や炭水化物も制限していませんし「食べ過ぎなければいい」ぐらいのゆる〜い感覚ですね。こういう食生活を続けていると、一週間くらいで慣れて自然と胃が小さくなってきますよ。

ダイエットはがんばるものっていう感覚が一般的なのかもしれませんが、無理にカットしようとするとそれがストレスになるし、いきなり食べる量を半分にカットしたら間違いなく体力的に厳しくなる。実際、僕も炭水化物を抜いて一瞬痩せたことがありましたが、アフレコ中にフラフラになって「これはダメだ」と悟った経験があります。痩せるために必要なのは、無理にカットすることではなく〝摂取する成分を変えて、ほどほどに食べること〟なんじゃないかと僕は思うわけです。たとえば、食事の7割肉を食べていた人が、総合的な量を変えずに7割野菜を食べればそれだけで痩せられるんじゃないかなって。それでうまく食生活が改善できて胃が小さくなってしまったら「今日はドカ食いしてやるぜ！」って思ってもちょろいもの。どんなに気合を入れてもすぐに「お腹いっぱいです……」ってなっちゃうわけです（笑）。焼き肉に行っても習慣で先にサラダを大量に食べてしまうので、「タン行きますか。ハラミ行きますか。……よし、ここまで来たらあとはちょっとお酒を飲むだけでいいや」と落ち着いてしまうんです。

今回のダイエットは、テストケースとしておふたりの声優さんにもチャレンジしてもらっていますが、その成果はこの後しかとご確認ください。今回、僕の写真もそうですが、すべて無修正ですからね！（笑）。

声優業界に入りたての若い役者さんはお金ができ始めると、どうしても食の面から豪華になって結果太るということが多いので、それこそこのダイエット方法はマッチするのかもしれません。昔は見た目を気にしなくてもよかったんですが、最近は声優という職業自体が表に出るケースも増えましたから無理なくダイエットできるのであればそれに越したことはありませんよね。

成功のコツは、一気に痩せようと思わず、「今日もおいしいサラダたくさん食べよ～♥」くらいの気持ちでやってみること。それに適応できれば個人差こそあれど体重は少しずつ減っていくはずで、実際、周りの人たちにもちょいちょい勧めたりしているんですが、自然と食が細くなってくるという報告を受けています！

こういった食生活の改善はうまく軌道に乗れば〝当たり前〟になるので、すごくラクチンなんですが、そこまで持って行くのが難しい人は、お腹が空いたときに炭酸水を飲むとかなり気が紛れるのでオススメです。野菜だけでは足りないという人も、サラダチキンなどのお肉を加えてみるといいと思います。そして、フラフラになりそうなときは無理せずに大福などのあんこ系のお菓子やチョコレートをつまんでエネルギーを補給。無理して倒れちゃったらそれこそ元も子もありませんからね。

先ほども言いましたが、何かをカットしてストレスになることが一番よくありません。鍋とサラダをおいしく楽しみつつ、うまく痩せられたらそれに越したことはありません。がんばるのではなく、あくまで〝バランスよく、おいしくご飯をいただこう〟というのが僕の提案するダイエットです。よかったらぜひ皆さんもチャレンジしてみてください。もちろん、ダイエットという感覚だとストレスになるので、あくまでおいしくいただきましょう♥

COLUMN :

鳥さんの EVERYDAY サラダ

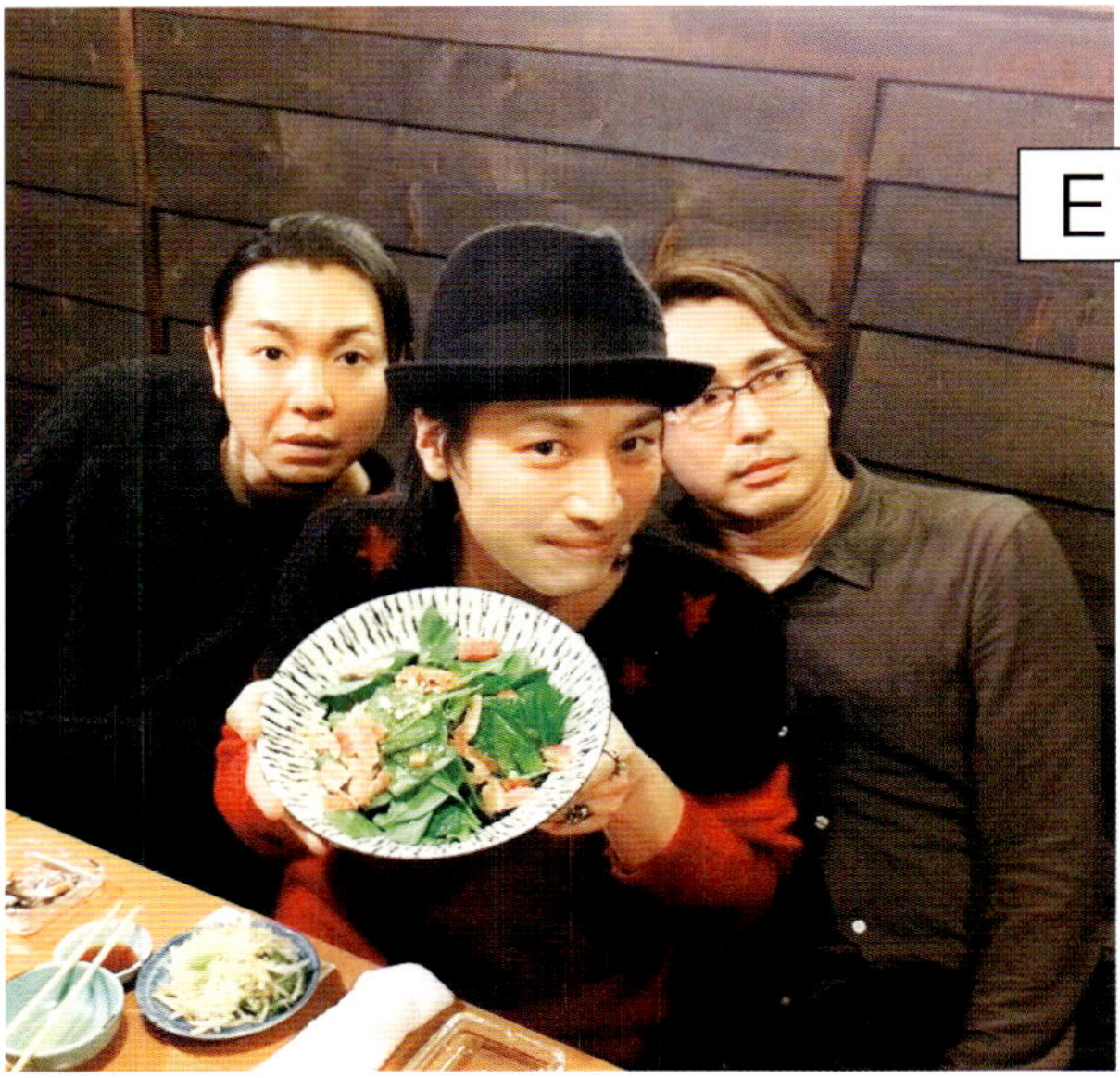

@旅先
とりあえずサラダ

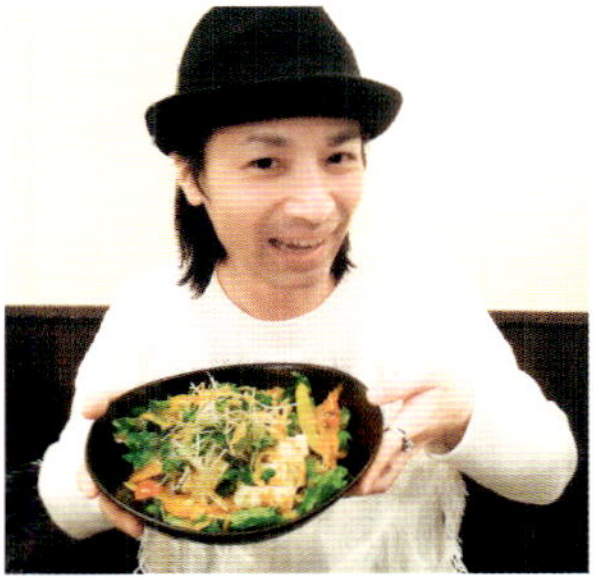

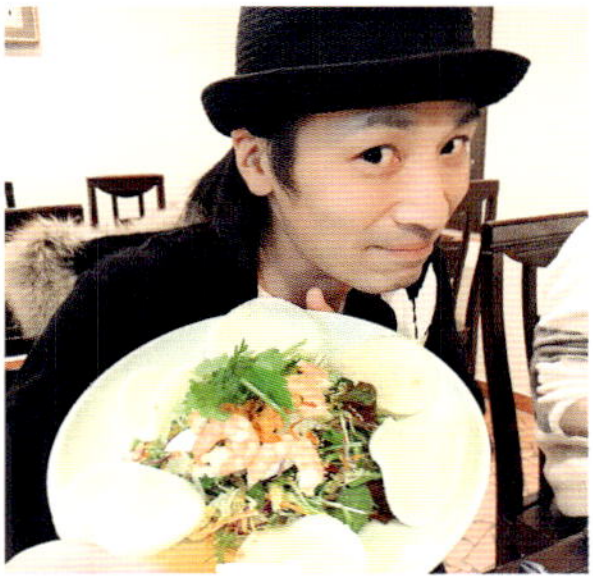

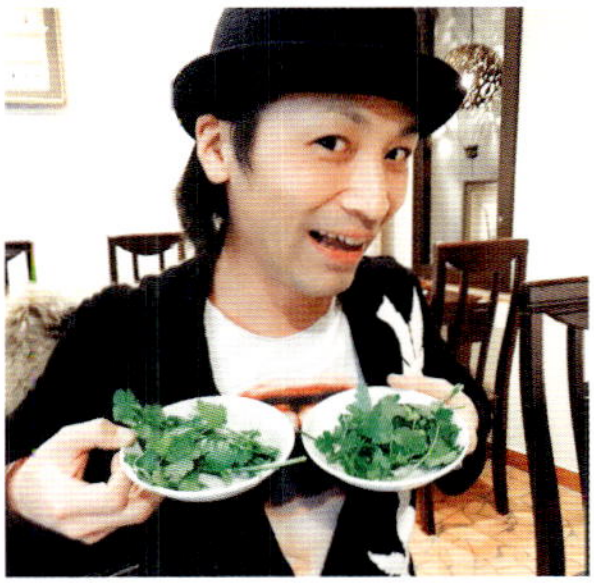

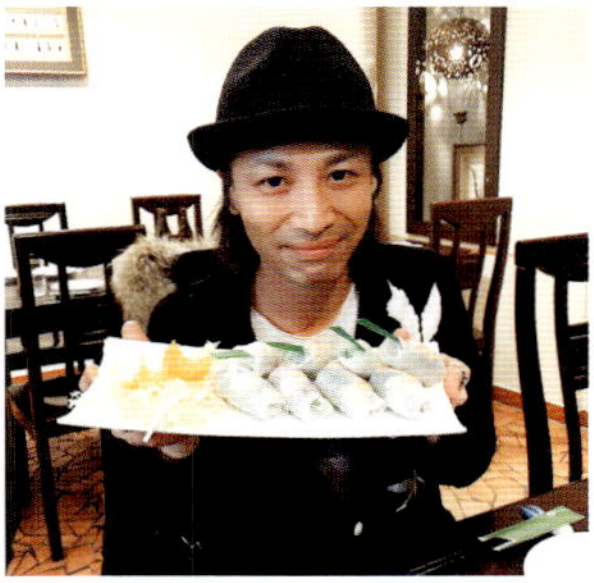

@打ち上げ
とにかくサラダ

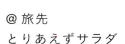

「僕もやります!」

By

KENN

Challenge!!!

KENN

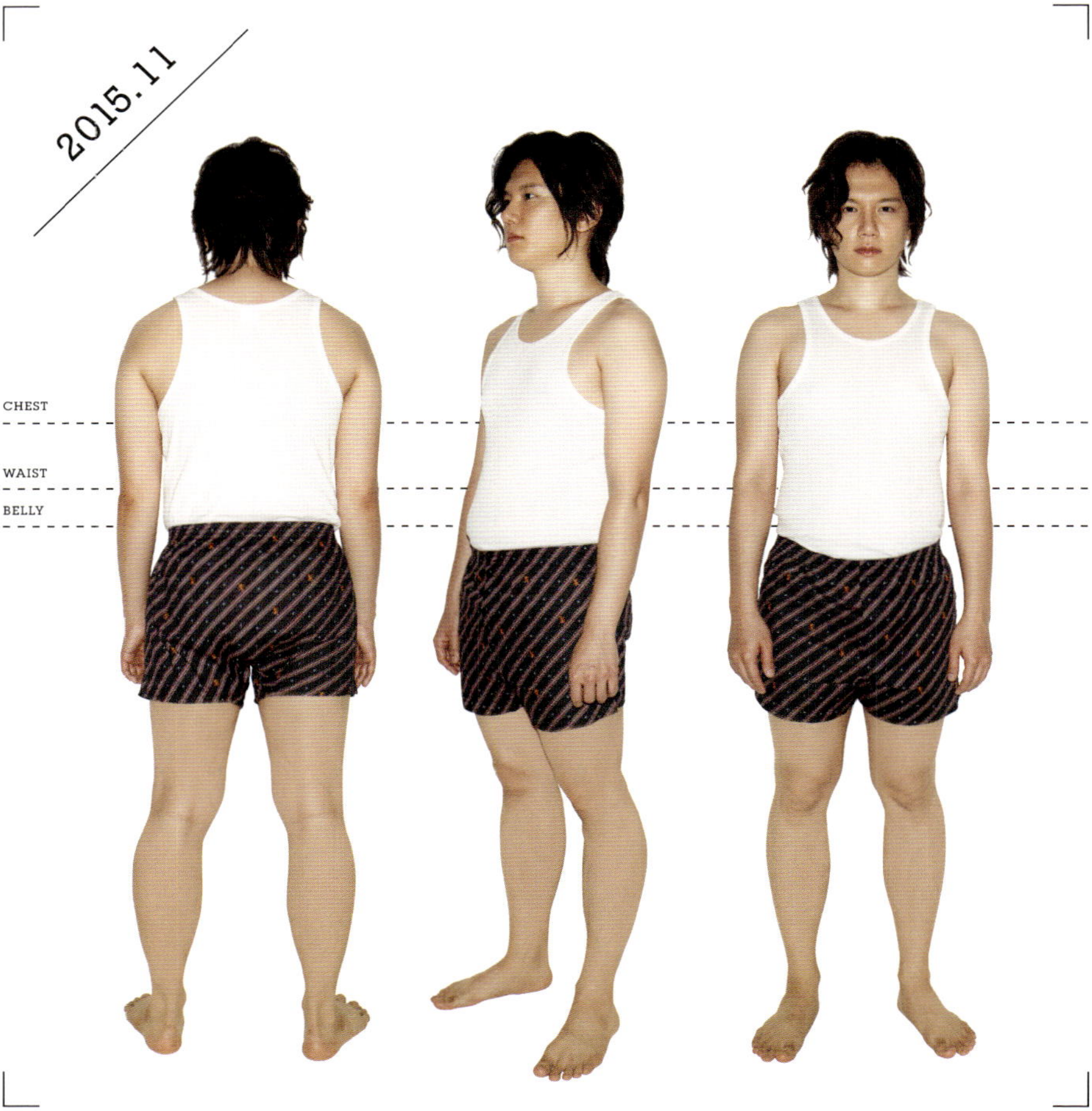

Before

CHEST	WAIST	BELLY	WEIGHT
92 cm	80 cm	90 cm	69.5 kg

2016.3

After

CHEST	WAIST	BELLY	WEIGHT
91.5 cm	72 cm	74 cm	60.9 kg

food report

KENNの
ビルダー的肉食飯レポート

report

1

男はやっぱり肉・肉・肉！

このダイエットは肉を食べられる分続けられる
たんぱく質はとりつつ糖質を控えます。

report

2

鳥海流ダイエットは野菜が命！

report

3

野菜たっぷり鍋でヘルシーに満腹

野菜はサラダにしたり、鍋にしたり、ジュースにしたりなんだかんだで毎日とっていました。そのせいかこのダイエットを始めてからお肌の調子がイイ！

JAPANESE FOOD

report

4

和食 vs 洋食

どちらも手作りです

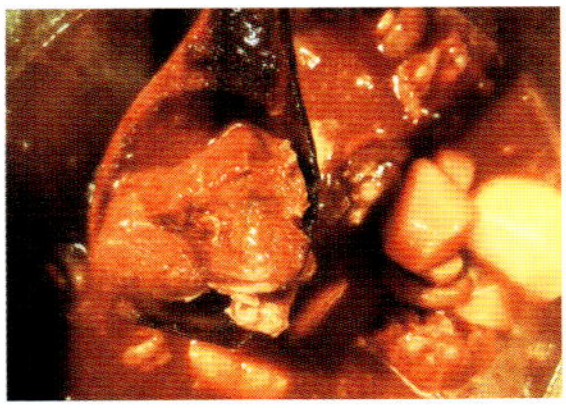

WESTERN FOOD

report

5

たまにはお惣菜＆外食で自炊おさぼりDAY

report

6

ちなみに太っていた頃のデブ飯

以前は栄養バランスなど
気にせず食べていました。

KENN IN THE STREET

KENNが着こなすストリートスタイル

“もうルーズな服で隠さない
おかえり、タイトなシルエット”

TORISAN & KENN

SPECIAL TALK

毎日楽しく続けられることが一番!　そのやり方は鳥海さんに教えてもらった

鳥海　僕とKENNくんが交流があることに驚く人もいるみたいなんだよね。

KENN　きっかけは10年近く前ですよね。同じスタジオで別作品をアフレコしていて、ロビーで偶然会った鳥海さんが「飲みに行かない?」って誘ってくださって。

鳥海　僕と、もう一人、ロックスターとね(笑)。ちょうどKENNくんがいたから、気軽に声をかけてみたんだった。

KENN　谷山紀章さんとですね(笑)。大先輩ふたりにお寿司屋さんに連れて行っていただき、すごく緊張していたのですが、おふたりがいろいろ話を振ってくださって。以来ずっと、現場でお会いするたびに気にかけてくださっています。

鳥海　KENNくんはこう見えてと言うと失礼だけど、考え方がすごく男らしいんですよ!　この業界って意外と上下関係が根強くて、体育会系な部分も強い。僕はそれが全部いいとは思っていないけど、最低限の礼儀は必要。KENNくんは挨拶がしっかりしているし、先輩をきちんと敬う。先輩のいいところを吸収して、後輩に示す。気持ちがいいから好きなんだよね(笑)。いい子だなって。

KENN　いえ、鳥海さんがすごく優しいからですよ。鳥海さんのほうからスマートに「KENNくんのど乾いてない?」ってお声がけくださったり、ふとしたお気遣いがすごくて。もともと僕がいたバンドの世界もやっぱり体育会系。先輩が一生懸命作ってきた道を踏み荒らさないよう、後輩たちが通りやすいようにより良い環境にしていくことも大事かなと個人的に感じています。だから僕は先輩をリスペクトしますし、立てたいなって思います。

鳥海　偉いと思うよ。声優ってもちろん各自が自分のペースでやっていいんだけど、作品をみんなで作り上げる仕事。それならコミュニケーションを取ったほうがいいもんね。それに僕がただ飲むのが好きだから(笑)。終わった後に誘って、一緒に飲みに行ってくれると嬉しいんだよ。イベントの前乗りとかで一緒になったときとか、みんなで食事に行ったり。

KENN　イベントでご一緒させていただくときは本当に安心します。「あ、今日鳥海さんと一緒だ……」って(笑)。

鳥海　こんな感じで、いつも可愛いんです(笑)。だからこの本の企画が動き出して、僕のダイエット体験から何かできないかなぁと考えていたときに、ちょうどスタジオでKENNくんに会って「あれ、ちょっと太ったのかな」と気になって。

KENN　そうなんですよ。以前、舞台のとき役作りのために体をかなり絞ったんですが、その後リバウンドしてしまって。ダイエットしなきゃと思ってたところに、鳥海さんから「KENNくんさぁ、こういうの興味ないかなぁ」って。

鳥海　怪しいセールスみたいだけど、本当にそういう感じだったね(笑)。それを二つ返事でOKしてもらって。でもダイエットを企画でやるとなると、痩せる前の状態もさらさないといけない。それは抵抗なかったの?

KENN　なかったですね。面白そうなことにチャレンジできる機会ですから。痩せた後だけ出すよりビフォーアフターがあったほうがより面白いかなって。

鳥海　客観視できてる。バラエティの考え方だよね(笑)。

KENN　鳥海さんが「みんなで楽しくできればいいよね」って考える方だし、お客さんに喜んでもらいたいっていうところにも共感できたので、是非とお願いしました。

鳥海　ただしダイエットをどこまでやるかは自分で線を引いて構わないからって。失敗したら失敗したで記事になると思ってたしね。実際にダイエットを始めてみてどうだった?

KENN　僕は野菜を食べることに加えて、筋トレもしたんです。ただ痩せるだけじゃなく、体を作ろうと思いました。1か月に2キロくらいのペースで落として。それ以上絞ると体によくないかなと思い、痩せすぎないようセーブしました。

鳥海　自分流のやり方を加えたんだね。

KENN　いろいろ試してみたんです。最初の1週間は糖質をほぼ取らずに過ごしてみたら、さすがにフラフラになっちゃって。声の仕事は意外と持久力が必要だし、お腹がなるとノイズになったりして、ちゃんと食べることも大切だなって思うんですよね。だから夕飯は鳥海さん流に、野菜中心。あったかい鍋にして野菜をたっぷり取りつつ、運動をしているのでタンパク質も多く取る。バランスよく痩せることを目指しました。

鳥海　全然きつくなかったでしょ?

KENN　全然。だっていっぱい食べられるんですから。

鳥海　いっぱい動いてるからね。

KENNくんは
考え方が
すごく男らしい!

KENN　体幹を鍛えながら皮下脂肪を落とすことも目標でした。僕の発声の仕方は、筋肉をある程度鍛えているほうが、声が出しやすいことを改めて実感しましたね。僕は首が人より長くて、首を痛めやすいんですよ。そこを胸筋や腹筋でカバーすることで、首の痛みを軽減させることができるんです。鳥海さんも実はストイックに体を作っていたんじゃないですか？

鳥海　体型が声に影響することは、やっていくうちに気づいたかも。前からやっている役を久しぶりにやったとき、「こんなに低い声出しにくかったっけ」って思ったんだよね。それまでの出し方では低音が出なくなってしまったから、今の体なりの出し方を新たに考えて、また出せるようにした。一度体を大きくして欲しい響きを作ってから、それが減らないギリギリのラインまで絞る先輩もいる。体って楽器なので、痩せると器が小さくなっちゃうんだよね。

KENN　やっぱりそうやって精密な部分まで考えているんですね。僕も歌わせていただくことが多いので、シビアに考えました。これまで普通に出せた音が出せなくなってしまうのはよくないから、やっぱり筋肉をつけなきゃなとか。

鳥海　体幹がしっかりしてるとお腹が使えるので、喉の負担が減る。ちゃんとした発声法ならマイクに向かってまっすぐ音が飛んでいくので、音が散らない。大声を出してないのにちゃんと音が鳴る人っているんです。

KENN　鳥海さんがそれを体現していますよ。現場でお芝居を観させていただいてますけど、鳥海さんは本当にすごいです。複雑なプランなのにピンポイントでど真ん中に音と感情を当ててくる。後ろで聴いていて、とても心地よいです。

鳥海　年を取ると出なくなる音は確かにある。でも体を作って音域を広げて、さらにキャリアを重ねることでできる役が増えたら、こんなにいいことはない。僕は昔より音域が広くなったよ。痩せたら高音を出すのがすごく楽になった。

KENN　鳥海さんが上のラインも出せちゃうんですか？　ご一緒させていただくときはニヒルな役とか渋い役の印象がありますが！

鳥海　最近は今までになかったトリッキーな役が増えてるんだよね（笑）。体に変化があったことで仕事も生活もいいほうに変わっていったのは嬉しいです。

KENN　僕は、走るのがあまり好きじゃなかったのに今は大好きになりました。好きな音楽を聴きながら毎晩走るのがすごく楽しいんです。

鳥海　それがもうルーティンワークになってるんでしょ？

KENN　そうなんです。基本的にはほぼ毎日8キロぐらい走っていますし、2~3日走らないと気持ち悪くなっちゃう。

鳥海　「痩せるために走らなきゃ」じゃなく「楽しいから走りたい」ってなったんだ。それだけ走ってればきちんとお腹がすくだろうし、たくさん食べても大丈夫だよね。

KENN　あまりスピードをあげると無酸素運動になってしまうらしいので、ゆっくり長く走る有酸素運動にしています。鳥海さんのポリシーじゃないけど、頑張りすぎずゆるやかに。

鳥海　ゆるふわだ。

KENN　そう、ゆるふわランニング（笑）。ダイエットは毎日楽しく続けられることが一番。そのやり方を信頼している鳥海さんに伝授していただいたので、自信を持ってやれました。ありがとうございました！

走るのがあまり好きじゃなかったのに大好きになった

「僕もやります！」

By

保村 真

Challenge!!!

MAKOTO YASUMURA

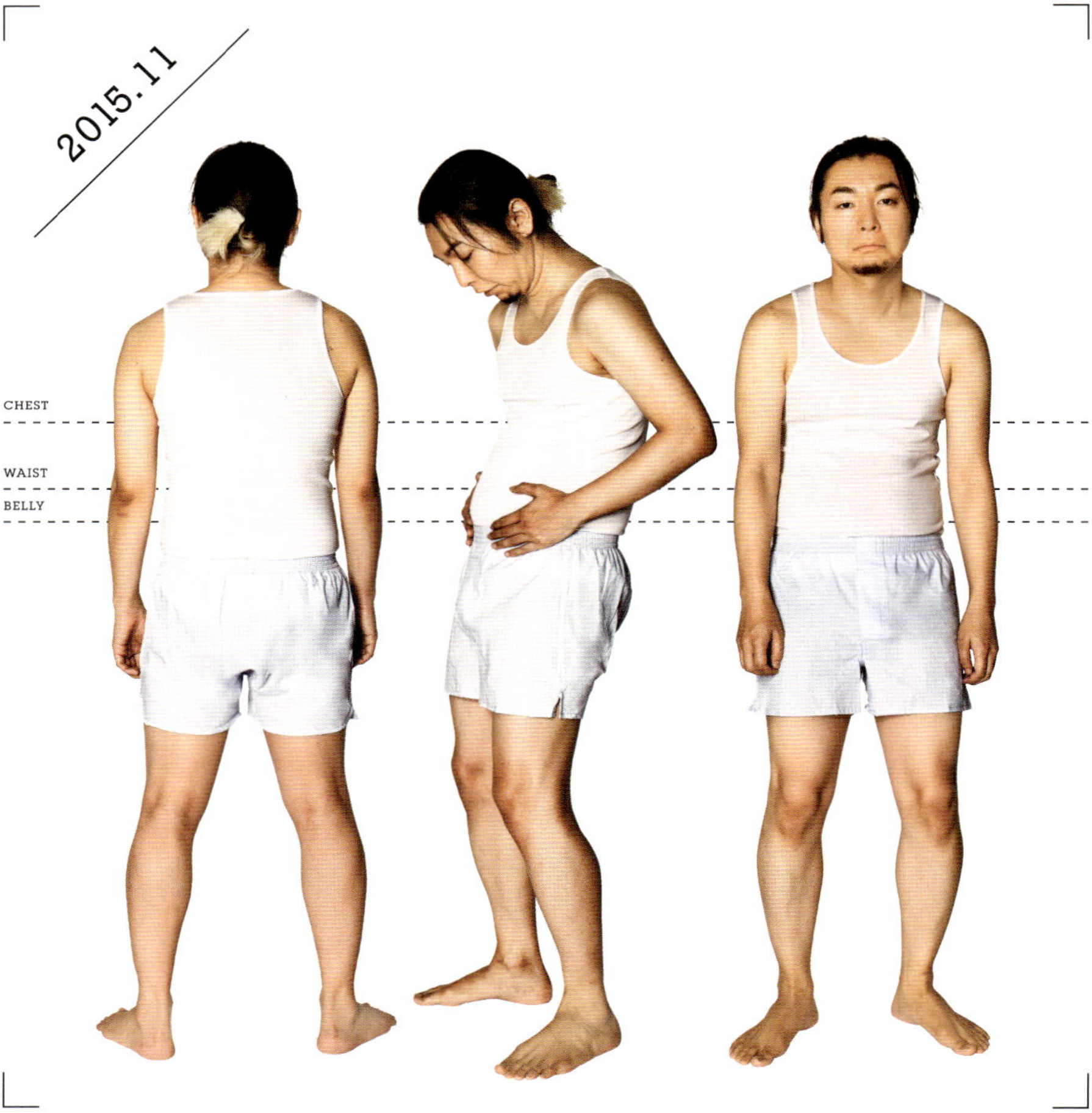

Before

CHEST	WAIST	BELLY	WEIGHT
90 cm	80 cm	90 cm	67.4 kg

2016.3

After

CHEST	WAIST	BELLY	WEIGHT
87 cm	68 cm	74 cm	60.2 kg

food report

保村真の
女子力草食飯レポート

report
1
RF1のサラダには
とても
お世話になりました

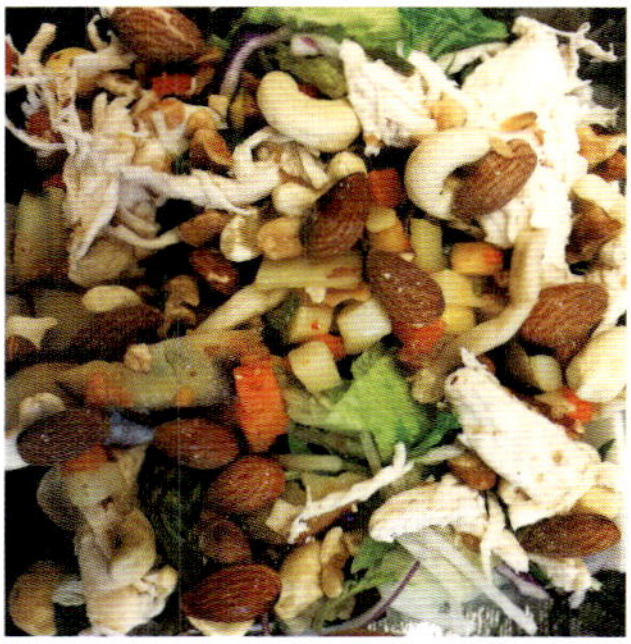

report

2

週四で通ったクリスプ・サラダワークスのシグネチャーサラダ

基本はカル・メックスでクルトンをスパイシーブロッコリーに変更し、あとは気分で豆腐や卵を足す日も。同じように見えて全部違う日のサラダです。

BABY LEAF

report

3

自宅でも野菜を食べます！

WATERCRESS

report

4

たまには肉も食べましたよ！

report

5

お酒も
控えていませんでした！

MAKOTO YASUMURA
Surfer Style

保村 真のサーファースタイル

“安心してください
やせてますよ”

SHAPED BY RONNIE WILLIAMSON

SHAPED BY RONNIE WILLIAMSON

NO ___

NO LIFE

NO BASEBALL NO LIFE

野球は僕のDNAに
深く刻み込まれた存在です

――まず最初に、鳥海さんが野球に興味を持ったきっかけを教えてください。

鳥海　もともとうちの父が社会人まで野球をしてたんですよ。当時はプロ野球の中継も日常的にやってたし、与えられたおもちゃの中にグローブもあったので、野球を好きになって自らも少年野球を始めるというのは、いわば必然でしたね。生活の中に常に野球があるのが当たり前の環境でした。

――選手としてプロは目指さなかったんですか？

鳥海　一応少年野球で、神奈川県北西部優勝チームのレギュラーメンバーで……小学校の卒業アルバムの「将来の夢」はたしかに野球選手でした。でも、周りもみんな同じことを書いてたし、当時から現実的にそれは無理だろうと思ってましたからね。肘も故障しちゃっていましたし。

――ピッチャーだったんですよね。

鳥海　そうなんですよ。小学校の頃までは騙し騙しカバーしてきたんですが、中学校に上がるとそうはいかない。なので、バレーボール部に鞍替えしました（笑）。とはいえ、自分がプレーする以外では野球を観てたし、今でも追い続けている。野球っていうのは、日本人のDNAに深く組み込まれているものですから不思議なことじゃないんですよ。

――たしかに男子ならみんな通る道でしょう！　ちなみに今はどの球団を応援しているんですか？

鳥海　球団というよりはプロ野球全体、あとは個々の選手を応援しているという感じです。一番は、自分と同い年でメジャーリーグで活躍中のイチロー選手でしょうか。今期の注目選手は、やっぱり北海道日本ハムファイターズの大谷翔平選手がピッチャーとして、そしてバッターとしてどこまで活躍してくれるのかも楽しみですね。あとは昨シーズントリプルスリーを達成した東京ヤクルトスワローズの山田哲人選手と 福岡ソフトバンクホークスの柳田悠岐選手、さらに最多安打を記録した埼玉西武ライオンズの秋山翔吾選手……と、2016年は目が離せない選手が出揃った注目のシーズンのような気がします。あとは個人的に横浜DeNAベイスターズに注目していただきたい。もう僕より年下の監督もいますけど、セ・リーグは全員が四十歳代の監督ということで今までとは違った面を覗かせてくれそうな期待感があります!

――これまでで特に印象に残っている試合はありますか?

鳥海　パ・リーグで西武ライオンズが常勝だった時代……。

――強かった!!

鳥海　1987年の日本シリーズ。センターを守っていた巨人軍のウォーレン・クロマティ選手が「緩慢な守備である」と。

――外国人選手にありがちな(笑)。

鳥海　クロマティ選手が緩慢な守備であることを事前のデータでわかった上で、センター前ヒットで選手が一塁から本塁に帰ってくるという展開は衝撃でしたね。それもすべて西武の森祇晶監督が巨人の守備陣のデータを考慮して仕掛けたもので、普通に考えたら二塁までしか行けない。がんばれば三塁までかなという所を、ホームに帰ってきてしまう。今思えば、当時としては次元の違う野球をしてたんですよね、緻密な。しかも選手が揃ってましたから! 能力を持った選手が集まった上に適材適所。すべてが噛み合っていたことを考えると、ここ20年ぐらいで最強のチームだったんじゃないかなと。しかし、「助っ人外国人選手はサボるんだぁ」ってあのときは本当に思いましたね(笑)。

――今もそういう風潮はありますが(笑)。僕は、あの長嶋茂雄が監督を務めた2000年の読売ジャイアンツの本拠地最終戦! 9回裏に江藤智選手が満塁ホームランで追いついて、続く二岡智宏選手が連続ホームラン、同点に追いついただけでも「やったやったー!!」ってなってたのに! 勝てば優勝、でも負けが濃厚のムードの中、二岡選手が右中間へ。「ミスター右中間」の名は伊達じゃありませんよ!

鳥海　1996年のメークドラマ、そして2000年を中心としたメークミラクルはとんでもないですよね。長嶋監督は持っているとと思います。やっぱりスターなんですよ。

愛してやまない選手ベスト3は……？

――鳥海さんの「愛してやまない選手ベスト3」は？

鳥海　まず冒頭にも出ましたがイチロー選手。何事もなければ今シーズン中にメジャーだけの3000本安打も達成しますし、日米通算ではピート・ローズ選手の記録を抜くことにもなって、間違いなく殿堂入りです。イチロー選手には50歳ぐらいまでやっていただきたいですね。同い年、同じ日本人として誇りですから。あとお芝居がちょっと上手い(笑)。

――たしかに栄養ドリンクのCMとか観ると「スゴイ！　やるなぁ！」って思いますよね。役者として(笑)。

鳥海　ドラマ『古畑任三郎』で犯人役をやるなんて、普通なら考えられないですからね。でも、成功する人っていうのはなんでもできちゃうものなんでしょうね。……あやかりたいなと(笑)。あと、これはもう子供の頃すごく好きだった選手なんですけど、広島東洋カープで一番を打っていた高橋慶彦選手！　あのヤンチャな感じがカッコよくて、子供心にちょっと好きでしたね。そのときはカープの帽子を持っていたりして、カープ強かったんですよ！　古葉竹識監督のとき。

――広島は渋い選手も多いですからね。

鳥海　いい選手揃ってるんですよ。そしてあと一人、難しいなぁ。いっぱいいるなぁ〜。うーん……――原。

――原辰徳選手ですか！

鳥海　やっぱり巨人戦を観る機会が多かったんですね。父が長嶋茂雄選手のファンで。

――G党ですか、お父さんは。

鳥海　お父さんもお母さんも共にG党です。

――僕と話が合いそうですね！

鳥海　……ジャイアンツに何か特別な思い入れが？(笑)。まあ、原さんは現役当時、叩かれているんですよ。打てない時期もあったりして、チャンスに弱いと言われ続けて。打率が3割に乗らなかったり、本塁打も打って30本ぐらいということでバッシングもありました。ただ……あの甘いマスク。やっぱり当時の「巨人軍の四番」というのは、認知度からいっても「日本の四番」という所があるんですよ。だからそこはすごく印象に残ってますね。

――プレイにも華がありましたねぇ。個人的には、現・巨人の坂本勇人選手が被って見えるんですよね。成績的にも。

鳥海　「ここぞというときに打つ」っていうのは印象に残るものです。あと、もう一人いいですか!?　松坂大輔選手!!

――松坂世代という有名な言葉を生んだ、あの。

鳥海　ええ。あの粒ぞろいの世代の中で、彼は横浜高校、僕は神奈川県出身なので、高校野球ではどうしても地元を応援するんですよ。彼は高校の時からとんでもなかった!

――怪物と呼ばれていたくらいですからね。

鳥海　でも高校二年生のとき自分のせいで負けているんですよ。でも、そこから松坂選手の率いるチームは一回も負けないまま卒業したんですよ。春の選抜、夏の甲子園、秋の大会……完全優勝して。松坂選手はプロに行ってからもすごいんですけど、98年夏の甲子園、明徳vs横浜。PL学園との準々決勝で延長17回250球を投げた翌日、9回のマウンドから登板したんです。「行くぞ、松坂!」ってなって、テーピングを取るんですよ。ベリベリベリ……そのシーンがカッコよすぎて!

――えらくマニアックですけど(笑)。

鳥海　いや、カッコよすぎる!　しかも逆転するんですよ、完全に負けると思ったのに。最後松坂選手が投げて逆転するわけです。で、決勝はノーヒットノーランですから。やっぱこれはね、語らなきゃいけないでしょう。

妄想・読売ジャイアンツ鳥海監督が導き出す夢のベストナインは!!

――続いて、鳥海さんが巨人軍の監督になったとしたら、どういうオーダーをしますか?

鳥海　……巨人軍の!?

――ええ、読売ジャイアンツオンリーで!!

鳥海　……そうですね、歴代のオールスターでオーダーを組めるとしたら……一番……。

――一番、誰ですか?　巨人最高のリードオフマン!

鳥海　一番……、センター・松本匡史。そして二番、ショート・

川相昌弘。

――あ〜!!　いい所きますねー！　川相でしょうねえ!!　彼のバットコントロールは芸術的ですよ、バントで一塁のベースを狙って当てられますからね。

鳥海　僕は一番・二番はわりと「それっぽい人」がいいんですよ。（バントで）送れる人。三番は……、（右左に振る）ジグザグが好きなんですよ、僕。松本がスイッチ、川相が右なんで次は左……三番、レフト・松井秀喜。

――えっ、ここで松井来ちゃう!!　ＴＨＥ・四番という選手ですけどもう出ちゃいますか!?

鳥海　四番には世界の人がいます。一本足の人とか。

――あー、なるほど！　それはたしかに。たしかにそこだな。

鳥海　四番、サード・原。

――そこで王選手じゃないんですか！

鳥海　ええ、意外性も含めて。

――その答えが意外でしたけども（笑）。

鳥海　松井さんの時点でランナーは帰せていると思うので（笑）。原にはリラックスして臨んでいただきたいなと。

――チャンスに弱いと言われていた所も含め敢えてと！　なるほど、たしかにそういう思惑があるとすれば納得ですね！

鳥海　続いて五番、ライトは高橋由伸選手。そしてそろそろ右打者も欲しいので、六番ファースト・中畑清選手でいきましょう！　僕の世代だと中畑さんは花形でしたから。

――意外な！　たしかにムードメイカーは必要ですね。

鳥海　そして七番キャッチャー・阿部慎之助選手。

――おー、これは怖い。左打者だからジグザグですね。

鳥海　あとはセカンドか……。パッと思いつかないような。

――篠塚和典選手とか、仁志敏久選手とか。

鳥海　あー、たしかに！　篠塚さんは足があまり速くなかったので、八番セカンド……仁志選手。そして先発投手。

――誰ですか！　この巨人オールスターの先発!!

鳥海　もうこれは個人的な思い入れですね！　桑田真澄選手です。彼にはたくさんエピソードがありますが、やっぱりあの不屈の闘志。復活してくるドラマがある。中継ぎは、山口鉄也選手に鹿取義隆選手。あとは抑えでサンチェ（ルイス・サンチェス選手）。

――サンチェ!?　知っている人いるかなぁ（笑）。

鳥海　控えもスゴイですからね。これだけのメンバーが揃えばまず優勝は確実でしょうね！

——最後にズバリ、鳥海さんの人生を野球のイニングに例えるとしたら？

鳥海　野球は9回からと言いますから……それぐらいで。もしかしたら延長18回まであるかもしれませんし。あとはラッキーセブンということで7回にしてください(笑)。

——僕はまだ5回裏ぐらいですかね。

鳥海　どっちにでも転べるぐらいだし、たしかにアナタならそれぐらいがちょうどいいのかもしれないですね。

——一応、5回となりますと勝ち投手の権利はとりあえず得ていますが、あとは今後の僕次第ということでよろしくお願いします(笑)。僕にとっても野球はDNAに刻み込まれていると言っていいぐらい熱くなれるものなので、正直まだまだ語り足りませんが、残念ながら今日はこれぐらいということで。本当にありがとうございました！　では、ここで僕が鳥海さんのために作ってきた応援歌をご紹介します！

鳥海浩輔の応援歌

G　Em　Bm　C
やさいの　ちからを　見せつけろ

G　Em7　Am　D
体内年齢　にじゅうろく

G　Em on B　C on C　D on D
セクシーボイスで　スタジオへ

G on D　D on D　G
それ　乗り込め　浩輔～

NO MUSIC NO LIFE

日本人っぽくない音楽に衝撃を受けたのがイエモンを初めて見たときの思い出です

——鳥海浩輔といえば業界屈指のグラムロッカーとしておなじみです。鳥海浩輔＝アダルト＆セクシーというイメージもありますけども。

鳥海　よく言われますね。

——鳥海さんに、音楽はどんな影響を与えているんですか。

鳥海　幼い頃、父がけっこうレコードをいっぱい持ってまして。当時はイーグルスやクイーンなんかのレコードがありました。だから幼い頃から音楽に触れる機会はあったんです。僕の世代にロックは必ず通るものだったし、バンドブームもありました。ただそういう中でも、日本人として歌謡曲が一番心に染み付いているんですよね。そしてグラムロックって、意外と日本の歌謡曲とリンクするというか。

——そうですね。有名なところだと西城秀樹。中森明菜などアイドル方面の方々も、少々その香りがしますものね。

鳥海　ええ。だからグラムロックに触れたときに、耳なじみの良さがあったというのは大きいのかなと思いますね。

——鳥海さんがザ・イエロー・モンキー（以下、イエモン）を好きになるのも当たり前のことだったというわけですね。

鳥海　そうですね。僕が最初にイエモンを知ったのは、テレビだったと思います。地元局のＴＶＫで、ミュージックビデオをずっと流す『ミュートマジャパン』（正式名称『ミュージックトマトＪＡＰＡＮ』）と呼ばれていた30分番組があったんです。

——ありましたね（笑）。

鳥海　そこで見たのが初めてだったと思うんです。衝撃を受けましたよね。見た目のかっこよさはもちろんですが、音楽的な面で「なんじゃいこりゃ」って。いろんな意味で日本人ぽくなかったんですよ。みんな背が大きいし。

――巨人ですからね。

鳥海　え、巨人？

――いえいえ、巨人軍ではなくて(笑)。日本人の中では巨人といっても過言ではないスタイルの持ち主ですからね。

鳥海　確かに、メンバー全員身長が180センチ以上ありますからね。それでまずはCDを買ってみたのが始まりですね。

――イエモンのメンバーは4人います。ボーカル・ギターのロビンこと吉井和哉さん。エマことギターの菊地英昭さんと、その弟でドラムのアニーこと菊地英二さん。そしてベースのヒーセこと廣瀬洋一さん。イエモンを知らないという世代にメンバーの特徴をわかりやすく伝えたいので、この4人を歴代巨人軍の選手でたとえてみてください。

鳥海　巨人軍ですか、わかりました。まずフロントマンの吉井さんは、ボーカルでありメロディーメーカー。バンドの頭脳で顔でもあるということで、長嶋茂雄ではないでしょうか。

――アイコンですからね。じゃあエマこと菊地英昭さんは。

鳥海　巨人って兄弟の選手ほとんどいないんだよな……。ライブ中に吉井さんが一番絡みに行くのがエマさんなので、王貞治選手にしましょう。

――次は、アニーこと菊地英二さん。

鳥海　イエモン最年少のメンバーなんですけども、リズムの屋台骨を支える役割。彼なくしてイエモンの音楽はないというところで、キャッチャーの森祇晶選手でしょうか。

――後に西武ライオンズの監督になるあの森祇晶選手ですね。

鳥海　巨人V9のメンバーですから、ふさわしいです。

――最後に、ベースのヒーセさんは。

鳥海　元来ベースってサウンド的にも地味な印象なんですが、彼はすごく目立つんですよね。衣装も一番派手。渋いんだけど目立つという意味で土井正三選手と言いたいところですが、土井は地味すぎるので堀内恒夫選手にします。

――悪童堀内ことピッチャーの堀内恒夫選手ですね。けっこう腑に落ちるキャスティングになりました(笑)。

鳥海　意外とハマったので自分でも驚いています。

フェロ☆メンの音楽にも影響を与えたイエモン

――鳥海さんはご自身もフェロ☆メンというユニットで音楽活動をされていますが。

鳥海　フェロ☆メン、僕と諏訪部順一さんが組んでいるユニットですね。

――そのフェロ☆メンに対してイエモンが与えた影響はあったりするんですか。顔に塗っているところとか……。

鳥海　……ない（笑）。

――でもヒーセさんが塗ってるからやはり鳥海さんも塗ったんじゃないんですか？

鳥海　あれは素顔です。あれスッピン。

――（笑）。

鳥海　そうですね、フェロ☆メンで自分が作詞をするときは、こんな感じの曲がいいっていうコンセプトから自分で考えて曲を依頼するんですけど、そのコンセプト作りや詞の世界観などは多分にイエモンから影響を受けていると思います。

――イエモンの歌詞はストーリー性が強いですからね。「イエモンといえばこの曲」という一曲をあげるとしたら？

鳥海　難しいですね！　名曲だらけですから。

――あえて一曲。今の気分でもいいです。

鳥海　今の気分ですか？『SECOND CRY』。

――それはなぜ？

鳥海　好きなんです。３ｒｄアルバムの『JAGUAR HARD PAIN』に収録されているんですが、大好きなアルバムなんですよね。あのとき坊主頭になった吉井さんがかっこよくて。

――あれかっこよかったっすね。

鳥海　『JAGUAR HARD PAIN』はイエモンで唯一のコンセプトアルバムなんですよね。一枚を通してストーリー仕立てになっている。その中で導入曲になっているのが『SECOND CRY』という曲なんですけれども。すごく好きなんです。昔飲み屋でみんなが酔っ払ってたときに、誰も知らねーだろうなと思いながらも歌ったりしてました。

――なるほどね。ちなみに僕の一曲は『SUCK OF LIFE -Original Version-』です。そんなイエモン、２００１年に活動を一旦休止しましたけど、あのときはどう思いましたか？

鳥海　わりと初期からずっとイエモンを聴いていましたし、レコード会社を移籍したり、吉井さんが書く詞が変わってきたのを見ていて、なんとなくそんな予感はしてました。ライブを観ていても、やりきった感というか、行くところまで行ったなって感じてたんですよ。だからそういう意味では実はそんなにビックリはしなくて。活動休止を聞いた時は悲しかったですけども、心にぽっかり穴が開いてしまったみたいな喪失感はなかったです。逆にちょっとよかったのかもしれないみたいな気持ちもありましたね。そして現在また復活してくれたこともすごく嬉しいです。充電期間として、結果的によかったんじゃないかなと思っていますね。

――そんなイエモンはまさに音楽業界の巨人ということで、先ほどイエモンを巨人軍の選手に例えていただきましたが、巨人に対抗できるのは黄金期の西武ライオンズしかない。ということで、鳥海さんが考える西武のベストナインは？

鳥海　まずは秋山幸二選手、平野謙選手、羽生田忠克選手。鉄壁の外野陣です。

――この３人が守っているとなかなかスリーベースヒットにならないですよね。

鳥海　抜けさせないですからね。キャッチャーは僕が見ていた世代から伊東勤選手。サードは石毛宏典選手で。

――駒澤大学出身の石毛宏典選手ですね。

鳥海　ショート・田辺徳雄選手、セカンド・辻発彦選手。ファースト・田淵幸一選手で、ＤＨはデストラーデ選手ですね。

これからイエモンを聴く人に薦めるならこの曲

――イエモンを知らない人に薦められる、エントリーモデル的な一曲を教えてください。

鳥海　僕がずっと好きだった初期のイエモンらしさを取るのか、それとも有名になってからのキャッチーなイエモンを取るのか。どちらかですよね。

――前期、後期と分けるだけでもだいぶ印象が違いますからね。初期もまた違いますし。

鳥海　そうなんですよね。でもあえてギラギラしていた初期の頃を薦めたいですね。デビュー曲を聴いてほしいなと。『Romantist Taste』を聴いてほしいです。

――いいですね。'12年にメジャーデビュー20周年を記念して『Romantist Taste 2012』も新たに発表された、イエモンの名曲ですね。

鳥海　この曲を初めて聴くと、よくわからないと思うんです。「虹の出るマシンガン」で始まりますからね。歌詞も意味不明。だからこそ気になるし、なによりこの曲から彼らはスタートしたわけですからね。

――なるほど。ちなみに西武ライオンズを知らない人に「この人がミスターライオンズだ」と教えるならどの選手ですか。

鳥海　東尾修です。

――ああ、さすがですね。ところで鳥海さんは若い頃、花柄シャツにベルボトムというファッションだったそうですが、それはやはりイエモンの影響で？

鳥海　まさしくファッションでも影響を受けていましたね。柄シャツ、ベルボトム、そして厚底ブーツ。そのファッションは当時の僕の鉄板アイテムでした。声優の養成所に柄シャツにベルボトムで行ってましたね。懐かしいです。

――それだけはいていたベルボトムなのに、今ははいていないですよね。一体どこにしまってあるんですか？

鳥海　心の中かな……。

――そんな歌詞みたいに言われても、I love you baby とか言わないですからね。鳥海さんが体型を元に戻したのは、花柄シャツとベルボトムを着こなすためだと僕は思っているのですが、またその姿を見ることができるんでしょうか？

鳥海　またイエモンのステージを観たときにインスパイアされるでしょうから、あるとしたら夏以降ですかね。

――今日思ったんですけど、鳥海さんって何を聞いてもとりあえず振るバッターですよね。

鳥海　そうかもしれないですね。当てりゃいい、空振りしなきゃいいと思ってますからね。

――夏以降の鳥海さんを楽しみにしています。

鳥海　今ベルボトムってどこで売ってるんでしょうか。一緒に探しに行ってくれません？

NO COMIC NO LIFE

小学6年のとき友達に借りた『湘南爆走族』
初めてリーゼントの不良に触れて、憧れたんです

――『湘南爆走族』にハマったのは中学生ぐらいですか?

鳥海 インタビューもう始まってるんですか?

――なんとなく、さらりと始めようかなと。まず、なぜあえてヤンキー漫画を?

鳥海 『湘南爆走族』は僕の中でヤンキー漫画ではなく、青春漫画だと思ってるんですよね。出会いは小学校6年のときでした。仲のいいクラスメイトに「これ面白いよ」って貸してもらったのが最初だと思います。それまでずっと野球をやってたのが、小6でおしゃれに目覚め出したり色気づき始めてた時期だったこともあって、衝撃的でしたよね。

――もうすぐ中学に入りますしね。

鳥海 こういうリーゼントの不良が主人公の漫画は読んだことがなかったので、単純に「かっこいいな」と思ったんでしょうね。確か単行本と一緒に『湘南爆走族』のレコードも借りたんですよ。バイクの音とかが入ってる。

――GSとかGTの音が入ってたんですか(笑)。

鳥海 「ブオオオオン!」みたいな音が入ってたんですよ。それにイメージソングと、少しセリフも入ってたと思います。

――誰がしゃべってたんだろうなぁ。

鳥海 作者の吉田聡先生が藤沢の出身なので、湘南が舞台。地元なので親近感もあったんですよ。青春マンガなんだけど彼らは一応不良。子供なりにかっこよさを感じたんでしょうね。吉田先生の描く作品ってだいたい不良が出てくるけど、意外とロマンティックな話が多いんですよ。本当に悪い奴ばっかり

出てくるのは『荒くれKNIGHT』ぐらい。

――『湘南爆走族』はそもそも、主人公の江口洋助が手芸部ですからね。

鳥海　手芸が得意な手芸部部長ですから。中学まで普通の好青年だった江口洋助という男が、自転車のテクニックを買われたことによって、湘南爆走族初代リーダー桃山マコさんに認められたというのが、物語の始まりです。

――そんな主人公が、最後の最後までピュアっていうのもまたいいんですよねぇ（しみじみ）。

鳥海　あなたインタビュアーですよね？（笑）

――ただ単に感想を語りたくなってきちゃった（笑）。

鳥海　私、今声優なんですけども。

――存じております。

鳥海　今ってこういうヤンキーもののアニメ化って難しいと思うんですが、もし今アニメ化されるなら当然出たいです。メインの湘南爆走族じゃなくたっていい。敵対する非故烈斗（ピコレット）や参保悪流（サンポール）の誰かでもいい。名前だけあるようなやられ役の細かいセリフが台本に書いてなかったとしても多分演れます。モブでもできます。

――実は僕も、もしこのマンガが今アニメ化されたら誰がいいかなって考えたんですよ。

鳥海　あぁ、あなたがキャスティングを考えたんですか。

――『湘南爆走族』が昔OVAになっているんですが、そのときは塩沢兼人さんが主人公の江口を演じてらっしゃるんです。ギャグパートを塩沢さんがホワンとしたしゃべりで演じられてて、すごくよくて。それを観て思ったんですけど、これを今やるなら鳥海浩輔なんじゃないかって。

鳥海　僕が江口ですか。とりあえずありがとうございます。

『湘南爆走族』のハイライト 桜井と晃は名シーンが多いんです!!

――そしてほかのキャラクターのキャスティングも勝手に考えました。まず、アフロヘアーのリーダー補佐・原沢良美は安元洋貴さんか三宅健太さん。

鳥海　大きい人のイメージですね。

――そして人気の親衛隊長・石川晃。これは吉野裕行さん、あるいは柿原徹也くんあたり。

鳥海　なるほど、ちょっと声が高めなんですね。

――そして特攻隊長マルこと丸川角児。このキャラクターって不遇じゃないですか。

鳥海　言ってしまえばにぎやかしですからね。

――ケンカが強くて友情にも厚いんですけど、女の子を紹介されそうになると絶対に邪魔されるっていう。なので、ここは保村真さんなんかいいんじゃないかなって。そして最後の桜井信二が難しい。

鳥海　地味だけど存在感もなくちゃいけないですからね。

――桜井はいったん置いておきます。そして湘南爆走族OBのシゲさんこと茂岡義重は、てらそままさきさんしかないと思ってます。

鳥海　てらそまさんはきっと若い時代のシゲさんもできますからね(笑)。ちなみに権田は誰がいいと思います?

――地獄の軍団二代目総長・権田二毛作。重要キャラクターですし、江口のライバルですから、これもまた悩んでるんですよね。しかしアニメ化となると、やっぱりお金がかかるじゃないですか。ということでとりあえず、私が挙げたこのキャスティングで『湘南爆走族』のコントをやってほしいんですよ。それならすぐにできるし、鳥海さんのスーパーリーゼントを見たいので。

鳥海　江口となると、紫トサカのリーゼントですか。

――過去にユニットでリーゼントをやられてましたけど、あのときは晃ヘアにドカンでしたね。

鳥海　また新たにやるなら、衣装は学生服がいいですか、それとも特攻服バージョンですか。

――意外とノリ気ですね。学生服だとキャラの差別化ができますけどね。あとは、バイクも必要です。

鳥海　バイクのシーンいるんですか?

――いるでしょ!　シゲさんのやってる「じぇんとる麺」に行く時は基本バイクでしょ!　それかヤマハ・パッソルでもいいですけど。

鳥海　原付の免許取るところから始めないとな……。

――では、鳥海さんにとっての湘南爆走族5人のベストシーンを教えていただけますか。まずは原沢から。

鳥海　原沢は、「波校体育祭」。棒たおしでの活躍が好きですね(※7巻)。江口と晃のチームに分かれてすごい戦いになって、棒を支えてる原沢さんが晃チームにボコボコにされるんですけど、折れた棒を抱えて「根っ子は残ってるぜ」って言うシーンがお気に入りです。

――次、桜井は。

鳥海　桜井は名シーンが多いんですが、やっぱり「朝顔の君」かなぁ！（※7巻）好きになった花屋のバイトの子が、暴走族が大嫌いで。「ワリィ、オレ……暴走族だよ」と告げるんだけど「あたしの知ってる桜井くんが　そんな不良だったなんて」と泣かれてしまう。本当は相思相愛なんですけどね。泣けます。

――やっぱり朝顔の君ははずせませんね。次はマル。

鳥海　マルはそういう泣けるエピソードは少ないんです。マルは集合住宅で大家族と暮らしているので、電話してると必ず下の弟妹たちが邪魔しに来るところが好きですね。

――そして、晃は。

鳥海　晃も名シーンが多い！　最強スーパーマンの江口に対して、等身大の高校生に近いので、人気がありましたから。そしてかっこいいエピソードがいっぱいある。学園のマドンナ民さんこと三好民子と付き合ってるんだけど、民さんの誕生日に花束とプレゼントを持って家に来るところは好きですね（※14巻）。近所迷惑になるからと、団地の敷地内は単車を押してきて(笑)。プレゼントの中に入っていたカセットを民さんが聴いたら、晃がギターを弾きながら歌った自作の歌が入っているという。

――告白のシーンではないんですか？

鳥海　迷いますね！　でも民さんが「アキラくんが歌ってる……」って喜んでるところがまた好きなので。

――半分民さんの名シーンになってますね。そして最後、主人公の江口。

鳥海　江口はもう決まってます。初期の名シーン、修学旅行です（※4巻）。江口のことを好きな津山よし子さんが旅行中に熱を出しちゃって、「どうして私ってこうなんだろう、もっと民さんみたいに積極的になりたいのに」ってウジウジしてる。熱で気分が高揚してるので、江口に告白しかけるんです。

――「聞いてよ江口くん……」ってね。

鳥海　すると江口が、「その先は絶対いうなよな。たぶんいう時がきたらオレからいうからさ……」って。こんなかっこいい高校生いませんよね。

中学高校はもちろん変形学生服
下はボンタンスリムをはいてました

――ところで学生時代、変形学生服は何派でした？

鳥海　中学高校と学ランだったんですけど、最初はボンタンを自分で買わないで先輩に売ってもらうんです。世代的に湘南爆走族みたいな長ランやドカンはいなくて、短ランか中ランに下はボンタン。そこから裾を絞るボンタンスリムに移行しました。渡り42センチの裾16で。

――僕は渡り40でした。朝、「ンッ！　ンッ！」って必死で足を入れるんですよね。

鳥海　この話、若い人はまったくわからないと思うんですけど、今のスキニーだと思ってくれれば。

――裾だけスキニー（笑）。当時最先端のオシャレですよ。

鳥海　竹の子族も似たようなスタイルでしたからね。ボンタンはサルエルパンツ風ではなかったですけど、ハイウエでしたから。

――ハイウエストのことですね。僕の高校はブレザーだったんですけど、短ブレがいましたね。ただ、短ブレはダサい。

鳥海　ブレザーでやるのはカッコ悪いんですよね。

――話が尽きないんですが、最後にさっきの『湘南爆走族』勝手にキャスティング。僕が決められなかった桜井と権田を、鳥海さんに決めていただけますか。

鳥海　桜井は、意外かもしれないけど森久保祥太郎さんとかどうでしょう。彼は絶対『湘南爆走族』好きですからね。そして権田は諏訪部順一さん。「最近二枚目じゃない役をやることが多い」って言ってたから（笑）。

――江口のライバルですからね。ますます江口役に鳥海さんというのがぴったりになってきた。やっぱり『湘南爆走族』最高！あそれ、えっぐっち！　とっりうみ！

2人　えっぐっち！　とっりうみ！　えっぐっち！　とっりうみ！（エンドレス）

My Skin Care

［右から］ニキビの原因菌を殺菌。イハダ プリスクリード AC［第 3 類医薬品］100mL ¥1,800、顔湿疹、皮膚炎に。同 プリスクリード D［第 2 類医薬品］14mL ¥1,800 ／ともに資生堂薬品、肌の角層まで浸透。アスタリフト ローション 150mL ¥3,800、輝く肌へ。同ジェリー アクアリスタ 60g ¥12,000 ／ともに富士フイルム ヘルスケアラボラトリー

もともと肌が弱く、花粉の影響が肌に出たりもしていたので、ずっと皮膚科で処方されたものを使っていたのですが、イマイチ良くならなくて。いろんな市販のスキンケアを試してみたんですが、2～3 年くらい前に「アスタリフト」に出会ってからはずっと愛用しています。

朝と夜、ジェリー アクアリスタを手のひらで肌に入れこむようにしてからローションを浸透させているんです。朝つけて夜まで保湿が続きますよ！

それと、最近は通っている鍼灸師の先生に教えてもらった「イハダ」もお気に入り。こっちは対アレルギー用として、花粉で肌が荒れたときに。ノンステロイド処方なので、特に敏感になっているときにも気兼ねなく使えるのがいいんです。

“でも、本当のキレイは体の内側から”

“ 愛用しているのは
プラダの
ブリーフケース ”

愛用しているバッグはプラダのブリーフケース。もう大人なので（笑）しっかりしたものを持っていたい。トートだとカジュアルだし、リュックだと若いイメージ。ずっとバッグを探していてやっとたどり着きました。5年前から使っていて、3年前に買い替え、実は二代目。お気に入りポイントはこのシワ感。こなれた感じが好きですね。

バッグはやはり台本が入ることが条件。そうして探していくとこの形が一番便利なんですね。かっちりした服にも私服にも馴染むので大活躍。愛読誌の『ナンバー』も入るしね♥

バッグの中身はなるべくシンプルに。小物は黒で統一させてます。

What's Inside Your Bag?

①能率のスケジュール帳　②&③ティッシュは鼻に優しいものをチョイス　④仕事柄マスクはかかせない　⑤市松模様のハンドタオル　⑥消毒ティッシュでバイキンバイバイ　⑦ヴィトンの長財布　⑧かれこれ20年くらい吸っているラーク。携帯灰皿でマナーもきちんとね　⑨ブレスケアで息もきれいに　⑩毎号買っているスポーツ誌『ナンバー』　⑪リップクリームでうるうる唇を　⑫アトマイザーにはシャネルのエゴイスト プラチナムを入れて　⑬2016年もやっぱりガラケーを愛用　⑭男は黙って黒い扇子

MY BAG: PRADA

軌 跡

鳥海史　誕生 〜 デビューまで

1973	**5月16日、初夏の昼間にスッと産まれてくる。当時の体重は3200g**		
			ごく一般的なタイミングで立ち上がる
			ごく一般的なタイミングで話しはじめる
1978	幼稚園	年中	年中から幼稚園デビュー。ひよこ組を飛び級し、りす組に所属
			このとき初恋を経験、相手は南先生
1979		年長	お遊戯会で初主演（つばめ組／「おおきなかぶ」おじいさん役）
			比較的何でもやりたがる時期で、自ら立候補
1980	小学校	**小学校入学**	外で遊ぶ活発な少年で、池の氷や近所の葉っぱを食べちゃう野生児な一面も
			同学年の中では背が高く、組み体操などでは常に一番下を担う
1982		3年生	父の影響で少年野球をはじめる。ポジションはピッチャー
			「男はスポーツだ」とスポーツ少年に転向し、平日土日と野球に明け暮れる
1983		4年生	運動神経がよく、バレンタインチョコも10個もらうなどモテ期
1985		6年生	ニャン子クラブに入る。推しは会員番号は16番・高井麻巳子
			姉のいる友人の影響で『湘南爆走族』にハマる
			この頃からバレンタインチョコの「本命」を意識しはじめる
1986	中学校	**中学校入学**	野球部の誘いを断り、当時流行っていたバレー部に入部
			県大会にも出場する強豪チームでセンターとして活躍
1987		2年生	全員坊主を強いる顧問が来ると知り、学年末にバレー部を退部
			音楽に目覚め、BOØWYやBUCK-TICKを聴いてJUST ONE MORE KISS
1988		3年生	修学旅行で京都・奈良へ。ジュースを求めて班から抜けだして見つかり、風呂の時間に正座を強いられる。そして風呂に入り損ねる
1989	高校	**高校入学**	「スポーツをやるならプロを目指すレベルじゃないと嫌だ」というポリシーのもと、帰宅部に入部。初めてのバイトは発泡スチロール工場で、発泡スチロールを積むだけの仕事を担当。「無思考」という悟りの扉を開く
1990		2年生	文化祭と体育祭を1年交代で実施する学校だったため、唯一の高校体育祭
			ほとんどの生徒が演目のダンス練習をサボり、本番当日に時代を先取りしたフラッシュモブ「どうしていいかわからず、うろたえる集団」を披露する
1991		3年生	文化祭での出し物は「休憩所」
			母が持ってきた資料を元に声優の養成所に応募する
1992	養成所	19歳	**代々木アニメーション学院入学**
1993		20歳	**日本ナレーション演技研究所に入学**
			はじめての一人暮らし。八王子に住み、花粉症になる
1996		23歳	養成所在学中にガソリンスタンドの研修用VPへの顔出し出演
			ダメな店員の見本でデビューを飾る

child

鳥海史　デビュー〜現在まで

1996	**日ナレ所属中にガソリンスタンドのVPでデビュー** **PCゲーム『バーチャルめもりある』のアキラ役で声優デビュー** 同年、OVA『新世紀GPXサイバーフォーミュラSAGA』「ROUND3 CRITICAL DAYS」にて記者役も担当、アニメデビューも果たす
1997	**世界名作劇場の最終作『家なき子レミ』アンリ役でTVアニメデビュー** 1話で旅に出るレミを見送ってアンリは出番が終了する
1999	RPGゲーム『ペルソナ2罪』三科栄吉が歌う「Luv beam(Break the rhythm mix)」ではじめてのキャラソン収録を経験 ラジオ大阪『でじこのへや』内のコーナー『P・K・Oのお前とブラック』で初のラジオレギュラー
2000	テレビ朝日系『未来戦隊タイムレンジャー』傷害犯ボーグの声で特撮デビュー
2001	**TVアニメ『パチスロ貴族 銀』音無銀也役で主役デビュー**
2002	岸尾だいすけ氏、鈴村健一氏、諏訪部順一氏、高橋広樹氏、保村 真氏、吉野裕行氏とともに『謎の新ユニットSTA☆MEN』結成（※五十音順）
2003	『謎の新ユニットSTA☆MEN』として初の個人名義CD『君のために』を発売 マスコットボーイ・ZAIのデビュー資金を稼ぐ RPGゲーム『バテン・カイトス 終わらない翼と失われた海』カラス役でRPG初主人公 恋愛アドベンチャーゲーム『for Symphony 〜 with all one's heart 〜』加納輝也役で初の恋愛攻略対象に
2004	TVアニメ『トランスフォーマー スーパーリンク』ホットショット役ではじめてロボになる
2007	アカデミー賞作品『ラストキング・オブ・スコットランド』で助演のニコラス・ギャリガン役、ジェームス・マカヴォイの吹替を担当
2009	『謎の新ユニットSTA☆MEN』のイベント、ヘロー！スターメン。内ユニット『フェロ☆メン』として諏訪部順一氏とCDデビュー
2010	ニコニコ生放送『鳥海浩輔・安元洋貴 今夜は眠らせない…禁断生ラジオ』スタート はじめて個人名義の冠番組を持つ PSPゲーム『うたの☆プリンスさまっ♪』愛島セシル（クップル）役ではじめての動物役
2012	TVアニメ『アクエリオンEVOL』アンディ・W・ホール役ではじめてロボに乗る
2013	『謎の新ユニットSTA☆MEN』、10周年の月1公演完走の末、無期限の活動休止宣言
2014	痩せ始める
2015	痩せる
2016	声優デビュー20年、初の著書『てきとう』発売

adult

(SPECIAL INTERVIEW)

タイトル『てきとう』＝適当は、僕の座右の銘
ちょうど良い加減で生きていきたいと思っています

——声優生活20年、鳥海さん初の著書となりました。

鳥海　20年もやるつもりはなかったので、自分でも不思議な感じがしていますね。そもそも30歳までに声優業で食えていなかったらやめようと思っていたし、スタートした当時、自分はこの業界では残っていけないだろうなぁと思っていたんですよ。だからこうやって人前に出たり、それこそこんな著書を出すようになるなんて、不思議としか言えないです。

——本を出すという企画は、20周年という節目から生まれたんですか？

鳥海　いえ、きっかけは〝痩せたから〟なんですよ。以前、『禁生本』（『鳥海浩輔・安元洋貴の禁断生ラジオ本』／小社刊）でお世話になった編集さんと話す機会があって、禁生本のときにすごく面白いことができたので、「僕が痩せたというネタで、本を出すのはどうでしょう？」って、ノリで提案したのがはじまりです。とはいえ、僕は「ダイエットするぞ」と意気込むこともなく気楽に痩せることができたから、本としてダイエットを全面には出しにくい。何をやったら面白いかを考えるうちに、ちょうどデビューして20周年というタイミングだし、ひとりで出す初めての本なので、僕のパーソナルな部分を出してみようと思ったんです。好きなものを織り込んで、声優仲間のＫＥＮＮくんとヤスくん（保村真氏）にもダイエットという形で協力し

てもらったり、みんなを巻き込んであらゆることをやっちゃおうと(笑)。僕は、いろんな物が食べられるからという理由で居酒屋が好きなんですが、それと同じ。自分の名前で本を作るんだったらバラエティに富んだものにしたくなったというわけなんです。

——ちなみに、著書のタイトルを『てきとう』としたのは？

鳥海　これは僕の座右の銘です。〝どうでもいい〟の適当ではなくて、〝良い加減〟の適当。そんな生き方が好きなんですよね。タイトルもあまり悩まず、すんなりと決まりました。

——鳥海さんが声優になったきっかけを教えてください。

鳥海　既にいろんなところで話してしまっているんですが、やりたいことがなかったからですね。高校を卒業するとき、将来なりたいものがなかったんですよ。親が集めてきた専門学校のパンフレットから自分で選んだのが、声優の養成所だった。声優になりたいとも思ってないし、学校に行けば働かなくていいわけだから、何でもよかったんですよ。

——それでも養成所を辞めることなく、声優デビューされました。

鳥海　学校に行っているうちになんとなく声優というものが楽しくなってきて、そのうちに出演の機会をいただいてデビューできたんです。でも、当時の僕は仕事をナメていたと思いますよ。もともとあまりストイックな性格じゃないから突き詰めたりしないし、もともと性格的に

ゆるふわなところがあるので(笑)。やる気が見られないから、先輩からは本気で「お前は絶対消える」なんて言われてましたからね。

――そこから現在までに、何か気持ちの変化があったんですか?

鳥海　あちこちの現場に行かせてもらって、たくさんの人と出会っていく中で、徐々にですね。いろんな人と飲みに行ったり、スタジオでみなさんの仕事ぶりを見ていくうちに、リスペクトの気持ちが増えていったんです。何か大きな出来事があったわけではなく、毎日を過ごす中で尊敬の気持ちが積み重なっていったんですよね。だから30代のときよりも今のほうが、仕事に対してより真摯に向き合っている気はします。振り返ってみると、少しずつ段階を踏んで変化してきたんだろうなと思いますね。

――日々のなにげない出来事が成長につながったんですね。

鳥海　もちろん失敗したと感じたり、反省することもあるけど、マイナスを引きずる必要はないと思っていて。それならそこから先を良くすることを考えたいんです。陰か陽かでいったら、僕の本質はきっと陽。お気楽というか、そういう性格のおかげもあると思います。その結果、人生の半分ぐらいこの職業をやってこれたので、僕にはこのやり方が合っていたんだなと思います。

――今は先輩という立場でもありますが、後輩にアドバイスはしますか？

鳥海　昔先輩から言われたことや、その時どきの業界の風習なんかも自分なりに咀嚼して、合うもの、合わないものをひとつずつ取捨選択してやってきたので、後輩たちにも「こうやれ」とは言わないし、言うにしても「僕はこう思うよ」という言い方になりますね。僕には合っていたことでも、その人にとっては全然違うかもしれないし、押し付けるものじ

やないなって。

——声優の仕事をする上でのポリシーなどはありますか？

鳥海　僕たちがみなさんに知られるきっかけって、まず〝声〟からですよね。キャラクターや作品を知った方たちが、演じている僕たちにも興味を持ってくれる。そしてラジオやイベントなどで、声優のパーソナリティに触れてくれる。だから、まずは声優としての本分をしっかりやらないといけない。それはずっと思っていることです。アニメや外画のアフレコがちゃんとできないと声優じゃない。このことに関しては僕は曲げたくないですね。

——その本業である収録の現場は、どんな気持ちで臨んでいますか？

鳥海　現場には常にフラットな状態で臨んで〝演出される〟ようにしていますね。設定、台本、絵の動きや表情。そういった最低限のことだけ頭に入れて、あとは現場で監督たちとすり合わせていく。そのためにも、事前に作り込み過ぎないのが僕のスタイル。僕は緻密に計算して芝居するタイプではなくて、どちらかというと本能や感覚でやっている部分が大きいんです。計算型の人をうらやましく思う反面、ニュートラルでいることでいろんな方向に行ける楽しみもある。時々どうしようって思う役もありますよ。「これは監督に試されているんだろうか」って（笑）。プレッシャーを感じますが、無理せずやれる範囲のことをやるようにしています。僕をキャスティングしてくださったということは、この役ならできるということで振ってくださったんでしょうから、その期待には応えたい。そういう意味での努力は全力でしたいと思っています。

役を作り込まず、ニュートラルで現場に向かう
そうするといろんな芝居ができて楽しいんです

——これまでブログやSNSなどは行っていませんでしたが、ファンの存在はどのように意識されていますか？

鳥海　作品や個人的なユニット活動のイベントなどでは直接触れ合う機会がありますし、短い時間ですがお話することもあります。最近はニコ生などでリアルタイムにみなさんの声が入ってくるので、イベントや番組を一緒に作り上げているという感覚ですね。僕たちは作られた役を演じているだけで、作品のストーリーを考えたわけじゃない。でもファンの方に「あの作品を観て元気が出ました」という言葉をいただくと、責任を感じます。自分が演じているキャラクターは人に影響を与えることがあるんだと、常に自覚して、意識するようにしていますね。

——ちなみに、仕事を離れたときの鳥海さんってどんな感じですか？

鳥海　一応、意識して仕事スイッチをオフにしているんですが、オフになると何

もないところでつまずくぐらい気持ちがゆるみます(笑)。目的地にたどりつけなかったり、予定があって出かけたはずが晩ごはんの材料を買って帰っちゃったりすることもあったり。

――それでは最後に。プロローグとエピローグで砂浜に書いた言葉、「LOVE」と「Thanks」という言葉の意味を教えてください。

鳥海　この本を買ってくださった方、日頃から応援してくださっている方、本を一緒に作ってくれた方たちへの気持ちです。「ありがとう」を直接言う機会ってあまりないけど、何度も言うと意味が薄れる気がするので気軽に言いたくない。あまり口にはしないけど、本当はいつもみなさんに感謝の気持ちでいっぱいなんですよ(笑)。

DEAR TORI-SAN

杉田智和

illustration by ikuyoan

FROM: SUGITA TOMOKAZU

ずっと TORI-SAN

浩輔だからブリスケを焼くのが上手いという超理論に癒される。

焼いてもらった美味しい肉を食べてさらに癒される。

すぐにストライダー飛竜の声をやってほしいとねだると

飛燕の声もやってくれてもっと癒される。

これからも TORI-SAN

いつまでも

どこまでも

TORI-SAN

PROFILE

杉田智和／スギタトモカズ

1980年10月11日生まれ、声優。TVアニメ『銀魂』（坂田銀時）、『ジョジョの奇妙な冒険 第2部』（ジョセフ・ジョースター）などに出演。著者との初共演は『セイント・ビースト』シリーズ。

DEAR 鳥さん
「酒と煙草と」

鈴木達央

　思い起こせば、鳥海さんと出会ったのは、まだ俺が成人すらしていない頃です。マイク前での所作もおぼつかず、何をするにも緊張していた頃で、当時、別の番組で共演していた吉野裕行さんから俺のことを少し聞かれていたようで「話、聞いてるよ」と、今と変わらない朗らかな笑顔で声をかけていただいたのが最初でした。

　食事をしながら皆さんと話しているときに、俺の高校時代の話を楽しそうに聞いてくださり、当時まだ何も個性のない新人の俺に「『ジュノン』に出てそうな奴だよな。よし、お前のアダ名、ジュノンだ！　出てねぇけど」と、出てないからこそ「いや、出てませんし!!」といったツッコミまでできるアダ名を付けてもらったことも、昨日のことのように覚えています。

　そこから、鳥海さんには随分と甘えさせていただいてます。何か話を聞きたいときや、相談したいときにはいつも一番最初に話をさせてもらって。鳥海さんにとっては毎回つまらない話題のはずなのに、毎回毎回、嫌な顔一つせず、酒のグラスとタバコを傍らに置いて、俺が話し終わるまで相槌を打ちながらゆっくりと最後まで聞いてくれた後、ご自身の考えを俺に提示してくれます。その一つ一つが勉強になり、考えるきっかけとなり、いつも帰り道はそのとき話したことを反芻していました。

一つ、心に刻まれている思い出があります。未だ変わらず能無しの表現者の俺がこれを書くのもおこがましいのかもしれませんが、一時期、仕事にも私生活にも何処か嫌気がさして荒れていた時期がありました。暗中模索と書いたら格好の良い言い方ですが、現実はもっと汚く、人から見たら少し仕事をし始めた新人が調子に乗っているように映る振る舞いを周囲にしていたのです。その頃も相変わらず鳥海さんにはいろいろ相談させてもらい、よく話を聞いていただいていたのですが、その当時、鳥海さんはその話題に対しては何も言わず帰って行かれたのを強く覚えています。

その後、荒れていたのが仇となり、一時期は気持ちの良いほど周囲から見放されたのですが、なんとも運が良く、その状況に自分が気付くことができて、改善せねばと四苦八苦していたあるとき、鳥海さんの方から「タツ、飲みに行こう」と誘われました。

バーに着くなり「最近どうだ?」と聞かれ、自分の状況と心情と後悔と苦悩を全部吐き出したら「前に、お前が話したときに何も言わなかったのな、お前が自分で気付かなきゃいけないことだったから、俺何も言わなかったんだよ」と言われました。「その答えも、そういうときの気持ちも分かるから、本当は全部お前に伝えてやりたかったけど、でも、それじゃお前は一生変われないし、それで潰れちまうようだったらお前はその程度の男だったんだろうし、俺の見る目が無かったんだよ。でも、いろいろ自分で気付けて良かったよ。俺も嬉しい」って。最後には「今だから言えるけど、周りから結構いろいろ言われてたから、気にしてたんだぜ? 意外とフォローしたんだぞ?」と、いつものように笑いながら言ってくださいました。自身のターニングポイントと言っても過言では無い瞬間でした。

優しく言葉をかけるわけでなく、突き放すわけでもなく、時に見守り、その成長を託す。そんな素敵なことがあるんだと。そして、そんなことを他人のために考えられる、実践できる人がいるのだと驚愕しました。ご自身の仕事もありますし、表現に対して追求されていることはいつも感じていましたし、多くは語らずとも、悩みもあったとも思うのです。にもかかわらず、そもそも事務所も同じではない、評判も良くない、素行も悪い、そんな後輩を気にかけ、ましてや庇ってもくださっていた事実。そしてそんな風に後輩のことを思ってくださっていた人としての器の大きさ。そのとき初めて「この人に一生恥をかかせたくない」と、そう思いました。

鳥海さんが俺を可愛がっていることは業界の方にも少なからず知られていたので、そんな後輩が先輩に泥を塗ってはいけない。もっと誇れる後輩でいたいと、強く思ったのです。他の誰がそう思わなくていい、俺だけはそうでいたい。そう思いました。

ほかにも書き綴りたいエピソードは山ほどあります。というより、鳥海さんの本なのに何故にこんなにも自分のことを書いてしまっているのかという、声優として、表現者としての鳥海浩輔という男は、皆さんの方が沢山知っていると思うからです。ただ、そこに表立って出てこない一人の「男としての鳥海浩輔」というものを、皆さんに少し知ってもらいたいと願うとともに、俺個人から思い出の手紙のようなものを贈りたいという気持ちもあって、こんなにも私的な文章を書かせていただいています。

そして、いかんせん文章を書くのが得意ではないので、これがどこまで上手く伝わるか分かりませんが、とにかく言いたいことは、毎回毎回、鳥海さんには〝戦う男の背中〟を見せてもらっていますし、〝男の生き様〟というものを教えてもらっているということです。後輩としてまだまだ未熟者ですが、いつもそんな背中を見て、俺はマイク前にもステージにも立っています。

芝居に対する姿勢も、酒も、金の使い方も、ちょっとここには書けないことも、みんな教えてもらった気がします。未だに教わることや、感じさせていただくことが多く、毎度その器のデカさに驚かされることばかりです。

最後になりますが、こんな記念すべき場所に自身が寄稿できるとは思っていませんでした。身の丈に合っていないかもしれないとは思いつつ、こうして鳥海さんのことを書けることに感謝しています。ですが、これも鳥海さんにとっては一つの通過点ですし、きっと先にはいつものように笑顔でタバコを吹かしながら、「こんなこともあったよね」と振り返られるんだと思います。

また、いつものように酒を酌み交わさせてください。お互いタバコを片手に、いつものようにいろんな話をさせてください。

甘えた後輩ですみません。

これからもお世話になります。

PROFILE

鈴木達央／スズキタツヒサ

著者とは『セイント・ビースト』シリーズからの縁。音楽ユニット「OLDCODEX」のフロントマン「Ta_2」としても活動。

SHOOTING STAFF:

鳥海浩輔　表紙、中面　撮影／奥本昭久［killi］
スタイリング／芦野美穂
ヘアメイク／megu

P70　撮影／尾身沙紀［io］
スタイリング／芦野美穂
ヘアメイク／megu

KENN　Before　撮影／薮田修身［w］
スタイリング／吉田圭佑
ヘアメイク／工藤聡美
After　撮影／尾身沙紀［io］
スタイリング／芦野美穂
ヘアメイク／megu

保村 真　Before　撮影／和久井ひとみ［studio e7］
After　撮影／奥本昭久［killi］
スタイリング／宇田川彩子
ヘアメイク／SUGO［LUCK HAIR］
撮影協力／EASE

レシピ　撮影／山下裕司［クラッカースタジオ］
フードスタイリング／藤田 藍
フード協力／荒井直子、佐藤あやこ

WRITER／原 常樹、大曲智子、井手涼子
INTERVIEWER／前野智昭（P86-91 BASEBALL）
安元洋貴（P92-96 MUSIC）
保村 真（P97-101 COMIC）

【TALK CD】　出演／吉野裕行、保村 真
スタジオ／Boomerang Studio
制作協力／新沼 愛［ネルケプランニング］
エンジニア／益子信重

【DESIGN】　海老原麗子

【題字】　諏訪部順一

【EDITOR】　足達美佳［宝島社］
鈴木淳一［宝島社］
上田裕子（編集協力）

【SPECIAL THANKS】　アーツビジョン
アイムエンタープライズ
アトミックモンキー
シグマ・セブン
ドリーム・ウィーバー
俳協
（五十音順）

CREDIT:

鳥海浩輔 [表紙スーツ]ジャケット¥58,000、パンツ¥25,000、シャツ¥22,000／すべてジ・オールド・サーカス、ブーツ¥26,000／アルコレッタ パドローネ(アドナスト)、ハット¥13,500／ニューヨークハット(US)、その他／スタイリスト私物
[グレーのスーツ] ジャケット¥57,000、パンツ¥22,000、タイ¥9,000／すべてナンバーナイン、シャツ¥3,900／キュイー、ブーツ¥26,000／アルコレッタ パドローネ(アドナスト)、ハット¥13,500／ニューヨークハット(US)
[鎌倉ロケ①] ニット¥27,000、ニットキャップ¥8,500／ともにナンバーナイン、デニムパンツ¥11,800／レスデニム(プラントディストリビューション)、その他／スタイリスト私物
[鎌倉ロケ②] コート¥52,000、スニーカー¥13,000／ともにナンバーナイン、コーデュロイシャツ¥22,000／エヌエヌ バイ ナンバーナイン(ナンバーナイン)、Tシャツ¥8,500／ナンバーナイン×コカ・コーラ(ナンバーナイン)、その他／スタイリスト私物
[P70]ベスト¥26,000／ナンバーナイン、シャツ¥22,000／F.S.Z、パンツ¥11,000／ステュディオス(ステュディオス 原宿本店)、ハット¥16,000／メゾン バース(Sian PR)、その他／スタイリスト私物
[P102] すべてスタイリスト私物
[P103] すべてモデル私物
[P109] すべてスタイリスト私物

KENN [P61] ショーツ¥5,500／サニースポーツ(サニー)、その他／スタイリスト私物
[P66~69] コート¥18,500／ステュディオス(ステュディオス 原宿本店)、シャツ¥22,000／シャリーフ(Sian PR)、パンツ¥18,000／ジャクソンマティス×サーフブランド(ハンクス PR)、メガネ¥32,000／BJクラシック(オプティカルテーラー クレイドル青山店)、スニーカー¥14,000／アディダス オリジナルス(アディダスグループお客様窓口)、バングル¥65,000／サンク(ハンクス PR)、その他／スタイリスト私物
[P70]Gジャン¥32,000、パーカ¥18,000／ともにナンバーナイン、パンツ¥18,000／エヌエヌ バイ ナンバーナイン(ナンバーナイン)、キャップ¥5,800／ジャクソンマティス×サーフブランド(ハンクス PR)

保村 真 [P75] シャツ¥7,500／ルーカ(ジーエスエムジャパン)、パンツ¥14,000／ソルトウォーターカウボーイ(サニー)、ネックレス¥18,000、左手のバングル¥35,000／ともにサンク(ハンクス PR)
[P80] シャツ¥15,800／レインスプーナー(スタンレーインターナショナル)、Tシャツ¥7,500、パンツ¥6,500／ともにルーカ、スニーカー¥9,500／エレメント(以上すべてジーエスエムジャパン)、ネックレス¥16,000／サンク×ソルトウォーターカウボーイ(サニー)、右手のブレス(白)¥8,000、(シルバー)¥10,000、(インディゴ)¥9,000／すべてサンク(ハンク PR)、その他／本人私物
[P81] ラッシュガード¥14,000、ボードショーツ¥8,500／ともにビラボン(ジーエスエムジャパン)

SHOP DATA:

US	03-5772-6340
アディダスグループお客様窓口	0570-033-033
アドナスト	03-5456-5821
F.S.Z	03-6804-2199
オプティカルテーラー	
クレイドル青山店	03-6418-0577
キュイー	03-5428-8355
サニー	03-6277-1632
Sian PR	03-6662-5525
ジ・オールド・サーカス	03-6277-2947
ジーエスエムジャパン	0120-112-773
資生堂薬品 お客さま窓口	03-3573-6673
スタンレーインターナショナル	03-3760-6088
ステュディオス 原宿本店	03-5785-1864
ナンバーナイン	03-6416-3503
ハンクス PR	03-6677-7741
富士フイルム ヘルスケアラボラトリー	0120-596-221
プラントディストリビューション	03-6416-1902

みんなで幸せに
なれたらいーな

2016.5.16

PROFILE

鳥海浩輔／とりうみこうすけ

1973年5月16日、神奈川県生まれ。声優。座右の銘は“てきとう”（ほどよい、ちょうどいい）。野菜にハマり、結果的にダイエットを成功させたことにより、本書の執筆に至る。声優活動20周年を迎え、多数の作品で活躍中。

てきとう
2016年5月30日　第1刷発行

著者　鳥海浩輔
発行人　蓮見清一
発行所　株式会社宝島社
〒102-8388　東京都千代田区一番町25番地
営業　03-3234-4621（営業）
編集　03-3239-1770（編集）
http://tkj.jp
振替　00170-1-170829（株）宝島社
印刷・製本　図書印刷株式会社

※乱丁・落丁本は送料小社負担にてお取り替えいたします。

※本書に掲載した内容は2016年5月現在の編集部調べによるものです。
本書発売後、仕様や価格などが変更になる場合があります。
あらかじめご了承ください。また欠品の際はご容赦ください。
本文中の価格はすべて税抜きです。

Printed in Japan
ISBN978-4-8002-4955-5